Grillbuch Gasgrill

Das große Gasgrill Kochbuch für Männer

~ *Die 222 besten Gasgrill Rezepte* ~

Edition Grillmeister

Inhaltsverzeichnis

Gegrilltes vom Schwein 101

Wild und Exoten

Ihre Zufriedenheit ist uns wichtig!

Leserzufriedenheit ist uns ein großes Anliegen. Daher sind wir stets bestrebt, Ihnen die Themen in Buchform so leserfreundlich wie möglich zu gestalten und unsere Publikationen ständig zu verbessern.
Sollten Sie mit dieser Ausgabe nicht zufrieden gewesen sein, möchten wir Sie bitten, uns dies mitzuteilen. Auch für generelle Anregungen und Verbesserungsvorschläge sind wir Ihnen sehr dankbar. Sie helfen uns damit, unsere Leistungen für Sie zu verbessern. Positive Rückmeldungen sind natürlich auch nicht verboten.

Scannen Sie einfach diesen QR Code um uns eine Nachricht zu übermitteln oder besuchen Sie unsere Webseite:
www.onlineworldofbooks.eu/kontakt

Hinweis bevor es losgeht

Warum ist die Taschenbuchausgabe in S/W gedruckt und warum sind wenige Fotos im Buch?

Viele werden sich fragen, warum dieses Buch ohne bunte Fotos angeboten wird. Dies ist ganz einfach erklärt! Fotos und vor allem Farbdruck sind ein hoher Kostenpunkt, den der Endkunde meistens zu tragen hat. Ein Rezeptbuch mit Hochglanzfotos würde zum Beispiel einen Preis von mehr als 25 Euro haben. Wir wollen aber unseren Lesern günstige Buchpreise bieten, deshalb haben wir entschieden, dass speziell zu diesem Thema keine Bilder nötig sind, die den Preis nur unnötig hochtreiben. Schließlich ist ja der Inhalt das, was unsere Leser interessiert.

Zudem ist es bedeutend umweltschonender, auf den Druck von unnötig vielen Farbbildern zu verzichten. Ein Punkt, der in der heutigen Zeit immer mehr an Wichtigkeit gewinnt! In diesem Sinne hoffen wir auf Ihr Verständnis und wünschen viel Spaß beim Lesen.

Ihr Team

OW|B

Einleitung und Vorwort

Grillen kann jeder. Schließlich geht es doch nur darum, Fleisch, Würste und vielleicht Kartoffeln auf den Rost zu legen und zu warten, bis alles schön dunkel und knusprig ist. Doch diese Einstellung ist längst überholt. Wer heute auf einer Grillfeier eingeladen ist, erwartet sich mehr als nur die Bratwurst und das übliche Nackensteak. Darum haben wir hier dieses Grill-Kochbuch für den Gasgrill herausgebracht. Hier findest du tolle, neue und innovative Rezepte rund um den Gasgrill. Von Ideen zum Frühstück für den Urlaub bis hin zu verführerischen Desserts haben wir alles in 222 Rezeptideen verpackt. Wir wünschen viel Spaß beim Ausprobieren dieser neuen aber einfachen Gerichte, die auch Anfängern am Gasgrill perfekt gelingen und auch für Profis absolut interessant sind.

Was ist das Besondere am Gasgrill?

Viele schwören natürlich auf Holz und Kohle und sagen, nur dies sei der echte und wahre Grill. Hier scheiden sich die Geister und das ist auch gut so. Dennoch sollte hervorgehoben werden, dass der Gasgrill unzählige Vorteile aufweist, die ein Grill mit Kohlen nicht bieten kann.
Das Grillen mit dem Gasgrill bietet vor allem einen klaren Zeitvorteil. Der Gasgrill ist quasi von jetzt auf gleich einsatzbereit und benötigt keinen langen Vorlauf und keine mühsame Vorbereitung. Sobald man also mittags oder abends grillen möchte, kann es auch gleich losgehen. Der Gasgrill eignet sich somit auch für spontane Einsätze.
Zudem entwickelt der Gasgrill keinen so enormen Rauch wie der Kohlengrill. Fällt beim Gasgrill das Grillgut etwas vom Rost, landet es außerdem nicht wie beim Kohlengrill in der Asche. Das ist ein weiterer Vorteil.
Zudem ist der Gasgrill ein wahrer Allrounder. Er kann eigentlich wie eine komplette Außenküche verwendet werden. Mit Grillplatten, Drehspießen, Kochplatten und vielem mehr lässt sich der Gasgrill aufstocken. Aber auch auf einem simplen Modell kann wunderbar in der Pfanne oder in einem Topf gekocht werden, da sich die Temperaturen so schnell und einfach regulieren lassen. Außerdem lässt sich der Gasgrill mühelos und einfach reinigen und wartet so sauber wieder auf den nächsten Einsatz.
Gerade wer im Garten einen Gasgrill stehen hat, der wird ihn gerne täglich verwenden, einfach, weil sich darauf absolut alles zubereiten lässt.

Welche Utensilien werden benötigt?

Dies hängt natürlich auch von den persönlichen Vorlieben ab. manche werden eine enorme Ausstattung benötigen, während andere mit ein paar wichtigen Werkzeugen auskommen. Zum Arbeiten am Gasgrill ist auf jeden Fall eine Fleischzange unverzichtbar, damit wird das Grillgut gewendet oder vom Grill geholt. Viele verwenden auch eine Fleischgabel, wobei die Gabel eher für Gemüse und Co verwendet werden sollte. Fleisch wird am besten nicht mit der Gabel angestochen, damit es die Saftigkeit nicht verliert. Auch ein Wender kann gute Dienste leisten und ist eine Alternative zu Grillgabel oder Zange.

Ebenfalls praktisch ist ein Pinsel zum Marinieren des Grillguts. Ein Grillthermometer ist toll für alle, die viel Fleisch zubereiten und besonderen Wert auf den idealen Garpunkt legen. Mit einem Thermometer wird jedes Steak perfekt saftig auf den Tisch gebracht. Abtropfschalen und Alu-Grillschalen sind ebenfalls dankbare Gadgets, die man immer wieder gerne zur Hand nimmt. Für nach dem Grillen oder zum Servieren eignen sich Warmhalteschalen, damit das Grillgut am Tisch nicht sofort auskühlt. In der Regel wird ja immer viel mehr gegrillt, als gerade verspeist wird. So kann das Grillgut in den Warmhalteschalen am Tisch stehen bleiben und die Gäste können sich auch eine Stunde später noch am warmen Essen bedienen.

Für nach dem Grillabend wird eine ordentliche Bürste zum Reinigen benötigt. Auch lohnt es sich, in einen hochwertigen Grillreiniger zu investieren. Dieser muss nur aufgesprüht werden und auch starke Verkrustungen können mühelos abgewischt werden.

Wie man sieht, es ist nicht viel nötig, um am Gasgrill Köstlichkeiten zu zaubern. Aus diesem Grund wollen wir nun auch nicht mehr länger um den heißen Brei herumreden, sondern wir starten gleich los mit unseren neuen und innovativen Rezepten für den Gasgrill, die wirklich Spaß machen. Wir wünschen gutes Gelingen und viel Freude mit diesen Rezepten.

Frühstück vom Gasgrill

Egal ob im Urlaub oder an einem herrlichen Sonntag, was gibt es Schöneres, als den Tag bereits in der freien Natur zu beginnen. Einem leckeren Frühstück vom Gasgrill steht auch gar nichts im Wege. Auf dem Grill lassen sich facettenreiche Köstlichkeiten für einen guten Start in den Tag zubereiten.

Brötchen Mac Muffin Style

Zutaten für zwei Personen

2 Brötchen
2 Eier
2 Tomatenscheiben
4 Salatgurkenscheiben
2 Scheiben Bacon
2 Scheiben Kochschinken
4 Scheiben Käse
2 TL Mayonnaise
Butter zum Bestreichen

Zubereitung

Die Brötchen vorsichtig dritteln und die Scheiben dünn mit der Butter bestreichen. Mit der bebutterten Seite nach unten auf den Grill legen. Eine beschichtete Pfanne auf den Grill legen und darin zwei Spiegeleier braten. Den Bacon und den Kochschinken ebenfalls auf den Grill legen und bei etwa **180° Celsius** knusprig braten. Die Brötchen mit Mayonnaise bestreichen, abwechselnd mit dem Spiegelei, dem Bacon und dem Schinken, sowie mit Käse, Tomaten und Gurke belegen. Die zusammengebauten Brötchen noch kurz auf den indirekten Grill legen. Den Grill verschließen und das Brötchen für etwa **5 Minuten** grillen, damit der Käse schmelzen kann.

Tramezzini Rolle Ham and Cheese

Zutaten für zwei Personen

2 Scheiben Tramezzini Weißbrot
2 TL Ketchup
2 Scheiben Schinken
2 Scheiben Käse
Salz und Pfeffer
etwas Öl zum Bestreichen

Zubereitung

Die Tramezzini mit einem Nudelholz schön dünn und platt rollen. Mit Ketchup bestreichen und mit Schinken und Käse belegen. Vorsichtig eng einrollen. Mit Öl bestreichen und auf den Grill legen. Von allen Seiten bei **180° Celsius** für einige Minuten goldbraun braten.

Shakshuka

Zutaten für zwei Personen

6 Tomaten
1 Paprika rot
2 Pfefferoni
1 große Zwiebel
4 Zehen Knoblauch
1/4 l Tomatensaft
Salz und Pfeffer
1 Bund Minze gehackt
4 Eier
etwas Pflanzenöl

Zubereitung

Die Zwiebel und den Knoblauch fein würfeln und etwas Öl in eine Pfanne geben. Die Pfanne auf den **200° Celsius** heißen Grill stellen und beides in der Pfanne anbraten. Tomaten, Paprika und Pfefferoni klein würfeln und hinzugeben. Mit Tomatensaft aufgießen, salzen und pfeffern und für **6 Minuten** köcheln lassen. Minze einrühren und die Eier in die Sauce schlagen. Den Grill verschließen und die Eier in der Sauce für etwa **6 Minuten** stocken lassen.

Frühstückspizza mit Bacon und Ei

Zutaten für zwei Personen

Pizzateig frisch oder TK
2 EL Pizzasauce
6 Scheiben Bacon
1 Tomate
2 Eier
Käse zum Bestreuen

Zubereitung

Den Pizzateig mit der Sauce bestreuen. Die Tomate in Scheiben schneiden und auf der Pizza verteilen. Auf den Gasgrill legen und bei **250° Celsius** anbacken. Den Bacon am Grill knusprig braten und ebenfalls auf die Pizza legen. Die Eier mittig auf die Pizza schlagen. Den Grill verschließen und die Eier für etwa **6 Minuten** stocken lassen.

Blätterteighörnchen mit Käse

Zutaten für zwei Personen

200 Gramm Blätterteig frisch oder TK
6 Scheiben Käse
Pfeffer aus der Mühle

Zubereitung

Den Blätterteig ausrollen und 6 kleine Dreiecke daraus ausschneiden. Den Käse darauf verteilen und zu Hörnchen eindrehen. Auf den Grill legen und bei geschlossenem Deckel und indirekter Hitze bei **180° Celsius** für etwa **6 Minuten** knusprig backen.

Blätterteighörnchen mit Haselnusscreme

Zutaten für zwei Personen

200 Gramm Blätterteig frisch oder TK
Haselnusscreme
1 Ei zum Bestreichen

Zubereitung

Den Blätterteig ausrollen und 6 kleine Dreiecke daraus ausschneiden. Die Hasenusscreme darauf streichen und zu Hörnchen einrollen. Das Ei verquirlen und die Hörnchen damit bestreichen. Auf den Grill legen und bei geschlossenem Deckel und indirekter Hitze bei **180° Celsius** für etwa **6 Minuten** knusprig backen.

Blätterteighörnchen mit Marmelade

Zutaten für zwei Personen

200 Gramm Blätterteig frisch oder TK
Marmelade nach Wahl
1 Ei zum Bestreichen

Zubereitung

Den Blätterteig ausrollen und 6 kleine Dreiecke daraus ausschneiden. Die Marmelade darauf streichen und zu Hörnchen einrollen. Das Ei verquirlen und die Hörnchen damit bestreichen. Auf den Grill legen und bei geschlossenem Deckel und indirekter Hitze bei **180° Celsius** für etwa **6 Minuten** knusprig backen.

Vegane Blätterteighörnchen

Zutaten für zwei Personen

200 Gramm veganen Blätterteig frisch oder TK
1/2 Möhre gedämpft
1/2 Bund Liebstöckel
2 EL Cashewnüsse
1 EL Hefeflocken
2 TL Kokoscreme

Zubereitung

Die Möhre mit dem Liebstöckel, den Nüssen, den Hefeflocken und der Kokoscreme in die Küchenmaschine oder den Mixer geben und zu einer dicken Paste pürieren. Den Blätterteig ausrollen und 6 kleine Dreiecke daraus ausschneiden. Die Paste darauf verteilen und die Hörnchen einrollen. Auf den Grill legen und bei geschlossenem Deckel und indirekter Hitze bei **180° Celsius** für etwa **6 Minuten** knusprig backen.

Vegetarische Blätterteighörnchen

Zutaten für zwei Personen

200 Gramm Blätterteig frisch oder TK
2 Eier
1 Tomate
1/2 Bund Petersilie
50 Gramm Käse gewürfelt
Salz und Pfeffer

Zubereitung

Die Tomate fein würfeln, die Petersilie fein hacken und mit dem Käse und einem Ei vermengen, salzen und pfeffern. Den Blätterteig ausrollen und 6 kleine Dreiecke daraus ausschneiden, die Paste darauf verteilen und die Hörnchen einrollen. Das zweite Ei verquirlen und die Hörnchen damit bestreichen. Auf den Grill legen und bei geschlossenem Deckel und indirekter Hitze bei **180° Celsius** für etwa **6 Minuten** knusprig backen.

Speck-Ei Muffins

Zutaten für zwei Personen

8 Scheiben Bacon
2 Eier
Salz und Pfeffer
4 Cherrytomaten
1/2 Bund Schnittlauch in Ringen

Zubereitung

Zwei Muffinformen mit dem Bacon auslegen. Die Eier verquirlen und ordentlich salzen und pfeffern. Die Cherrytomaten vierteln und zusammen mit dem Schnittlauch in die Eimasse einrühren. Das Ei in die Muffinformen füllen und auf den Grill stellen. Bei **180° Celsius** bei geschlossenem Deckel für etwa **10 Minuten** ordentlich stocken lassen.

French Toast

Zutaten für zwei Personen

4 Toastscheiben
2 Eier
100 ml Milch
Zimt gemahlen
etwas Muskat gemahlen
1 Prise Salz
2 TL Vanillezucker
2 EL Kristallzucker zum Bestreuen

Zubereitung

Die Eier mit der Milch verquirlen und mit Zimt, Muskat, Salz und Vanillezucker abschmecken. Die Toastscheiben durchziehen und auf eine Aluschale legen. Im geschlossenen Grill bei **200° Celsius** für **6 Minuten** backen. Aus dem Grill nehmen, anrichten und mit Kristallzucker und Zimt bestreuen. Gerne wird auch Pflaumenmus zum French Toast gegessen.

Suppen vom Gasgrill

Suppen lassen sich ebenfalls wunderbar auf dem Gasgrill zubereiten. Die Hauptzutaten werden am Grill gegart und kommen anschließend in einen Topf. Die Suppe selbst darf ebenfalls auf dem Grill köcheln. Damit die Suppe zum Finale schön cremig wird, wird lediglich ein Stabmixer benötigt.

Tomatensuppe

Zutaten für zwei Personen

8 Tomaten
400 ml Brühe
2 Datteln
2 Scheiben Ananas
1/2 Zwiebel
Oregano getrocknet
Salz und Pfeffer
Balsamico Essig schwarz

Zubereitung

Die Tomaten im Ganzen auf den Grill legen und die Brühe in einem Topf ebenfalls auf den Grill stellen. Die Datteln hacken und in die Brühe geben. Die Ananas und die Zwiebel ebenfalls am Grill anrösten lassen. Vom Grill nehmen, zusammen mit den Tomaten klein schneiden und in die Suppe geben. Mit Oregano, Salz, Pfeffer und Balsamessig abschmecken. Am Gasgrill für etwa **10 Minuten** köcheln lassen und vor dem Servieren mit dem Stabmixer pürieren.

Paprikasuppe tricolore

Zutaten für zwei Personen

je 2 Paprika rot, gelb und grün
1 Chili rot
1 Apfel
400 ml Brühe
100 ml Tomatensaft
Salz und Pfeffer

Zubereitung

Die Paprika am Gasgrill ordentlich dunkel anrösten. Die Schale darf ruhig schwarz werden, da diese nun abgerubbelt wird. Die Chili und den entkernten und geschälten Apfel ebenfalls am Grill anrösten. Die Brühe in einem Topf auf dem Grill aufkochen. Das Gemüse und den Apfel klein schneiden und in der Suppe für **10 Minuten** köcheln lassen. Mit Tomatensaft abrunden und vor dem Pürieren mit Salz und Pfeffer abschmecken.

Mais-Suppe

Zutaten für zwei Personen

2 Maiskolben
Butter zum Bepinseln
400 ml Brühe
150 ml Sahne
1/2 TL Curry gelb
Salz und Pfeffer
1/2 Bund Koriander

Zubereitung

Die Maiskolben mit Butter einpinseln und am Grill rundum goldbraun grillen. Die Brühe auf den Grill stellen. Die Maiskerne ablösen und in die Brühe geben. Mit Sahne verfeinern und mit Curry, Salz und Pfeffer würzen. Für **10 Minuten** am Grill köcheln lassen, pürieren und zum Anrichten mit dem gehackten Koriander bestreuen.

Tom Kha Gai mit gegrilltem Huhn

Zutaten für zwei Personen

1 Hühnerbrust à 130 Gramm ohne Haut
200 ml Brühe
200 ml Kokosmilch
1 Stange Zitronengras
4 Limettenblätter
4 Champignons
4 Cherrytomaten
1 Chili rot
Sojasauce
1/2 Bund Koriander gehackt
1 TL Honig

Zubereitung

Die Brühe und die Kokosmilch in einen Topf geben und mit dem Zitronengras und den Limettenblättern aromatisieren. Die Hühnerbrust mit einer Marinade aus Sojasauce und Honig bestreichen und am Grill bei **180° Celsius** von beiden Seiten für **4 Minuten** grillen. Die Champignons vierteln, die Cherrtomaten halbieren und die Chili klein schneiden und in die Brühe geben. Für **8 Minuten** köcheln lassen. Das Huhn in dünne Streifen schneiden und ebenfalls in die Suppe geben. Mit dem Koriander verfeinern und mit der Sojasauce abschmecken.

Tom Yam Gung mit gebratenen Garnelen

Zutaten für zwei Personen

4 bis 6 große Garnelen ohne Schale, Kopf und geputzt
500 ml Brühe
1 TL Currypaste rot
4 Shiitake Pilze
1/2 Dose Bambussprossen
Fischsauce
1 TL brauner Zucker
1/2 Bund Koriander

Zubereitung

Die Garnelen am Grill von beiden Seiten für **3 Minuten** grillen. Die Brühe in einen Topf geben und auf den Gasgrill stellen. Die Currypaste darin auflösen. Die Shiitake Pilze in Scheiben schneiden und zusammen mit den Bambussprossen in die Brühe geben, mit Fischsauce und braunem Zucker abschmecken. Die Garnelen in die Suppe geben, für **3 Minuten** köcheln lassen und zum Anrichten mit dem Koriander bestreuen.

Suppe mit Topinambur und Birne

Zutaten für zwei Personen

300 Gramm Topinambur
1 Birne
400 ml Brühe
2 EL Frischkäse
rosa Pfefferbeeren aus der Mühle
Himalayasalz pink
Himbeer-Essig
1/2 Bund Schnittlauch in Ringe

Zubereitung

Den Topinambur gut waschen, abbürsten und auf den etwa **200° Celsius** heißen Gasgrill legen. Die Birne vierteln, entkernen und ebenfalls auf den Grill legen. Die Brühe in einem Topf auf dem Grill aufkochen lassen. Den Frischkäse einrühren und mit rosa Pfefferbeeren, Himalayasalz und Himbeer-Essig abschmecken. Die Birne und den Topinambur in die Suppe geben und für **15 Minuten** köcheln lassen. Mit dem Stabmixer pürieren und zum Anrichten mit Schnittlauch bestreuen.

Lauchsuppe

Zutaten für zwei Personen

2 dicke Lauchstangen
300 ml Brühe
200 ml Buttermilch
Salz und Pfeffer
1 Prise Zimt
1 Prise Kardamom

Zubereitung

Den Lauch auf den Grill legen und von allen Seiten dunkel angrillen. Der Lauch soll ordentlich schwarz werden, da die äußeren Blätter entfernt werden. Die Brühe und die Buttermilch in einem Topf auf dem Gasgrill aufkochen lassen. Den Lauch klein schneiden und in die Suppe geben. Für **6 Minuten** köcheln lassen und mit Salz, Pfeffer, Zimt und Kardamom abschmecken. Mit dem Stabmixer pürieren und anrichten. Wenn der Lauch in sehr feine Ringe geschnitten wird, muss die Suppe nicht zwingend püriert werden.

Suppe mit Süßkartoffeln

Zutaten für zwei Personen

3 Süßkartoffeln
1 Möhre
300 ml Brühe
200 ml Sahne
Salz und Pfeffer
Essig
2 TL saure Sahne
2 TL Schnittlauchringe

Zubereitung

Die Süßkartoffeln auf dem Grill für etwa **15 Minuten** bei **200° Celsius** garen, schälen und in Stücke schneiden. Die Möhre ebenfalls dunkel grillen und klein schneiden. Das Gemüse zusammen mit der Brühe und der Sahne in einen Topf geben und am Gasgrill für **10 Minuten** köcheln lassen. Mit Salz, Pfeffer und Essig abschmecken. Die Suppe pürieren, anrichten und mit saurer Sahne und Schnittlauch garnieren.

Bohnensuppe

Zutaten für zwei Personen

1 Dose weiße Bohnen
1 Dose schwarze Bohnen
300 ml Brühe
200 ml passierte Tomaten
1 Paar Wiener Würste
2 Kartoffeln
Salz und Pfeffer
Tabasco-Sauce
2 EL Schmand

Zubereitung

Die Kartoffeln am besten in der Folie am Grill garen. Die Würstchen am Grill braten. Die Bohnen mit der Brühe und den passierten Tomaten in einen Topf geben und ebenfalls auf den Gasgrill stellen. Die gegarten Kartoffeln schälen und würfeln und die Würste in Scheiben schneiden. Beides in die Suppe geben und für **10 Minuten** köcheln lassen. Mit Salz, Pfeffer und Tabasco abschmecken und zum Anrichten reichlich mit Schmand garnieren.

Gulaschsuppe deluxe

Zutaten für zwei Personen

250 Gramm Beiried
Senf
Salz und Pfeffer
Paprikapulver scharf und edelsüß
3 Kartoffeln
400 ml Brühe
1 Zwiebel
Essig
Pflanzenöl

Zubereitung

Die Kartoffeln am besten in der Schale am Gasgrill garen. Beiried mit Senf bestreichen, salzen und pfeffern und bei **200° Celsius** am Grill von beiden Seiten für **4 Minuten** grillen. Einen Topf mit Pflanzenöl auf den Gasgrill stellen und die in feine Würfel geschnittene Zwiebel darin anschwitzen, Paprikapulver hinzugeben und kurz anrösten,mit Essig ablöschen und mit der Brühe aufgießen. Die gegarten Kartoffeln schälen, in Würfel schneiden und in die Suppe geben. Beiried ebenfalls in dünne Streifen schneiden und in die Suppe geben, mit Salz und Pfeffer abschmecken und kurz köcheln lassen.

Linsensuppe

Zutaten für zwei Personen

1 Tasse Linsen rot getrocknet
400 ml Brühe
1 rote Zwiebel
1 Paar Debreziner Würste
2 Scheiben Ananas
Garam Masala
Curry gelb
Salz und Pfeffer
50 ml Kokosmilch
Pflanzenöl

Zubereitung

Die Zwiebel klein schneiden und im Pflanzenöl in einem Topf auf dem Gasgrill anschwitzen. Die Linsen hinzu geben und mit der Brühe aufgießen. Die Würste und die Ananas auf den Grill legen. Die Suppe mit Curry, Garam Masala, Salz und Pfeffer abschmecken und die Linsen für gut **10 Minuten** garen. Die gebratenen Debreziner und die Ananas in kleine Stücke schneiden und in die Suppe geben. Mit der Kokosmilch verfeinern, kurz köcheln lassen und anrichten.

Specksuppe mit Käse

Zutaten für zwei Personen

100 Gramm Bacon
100 Gramm Bergkäse
300 ml Brühe
100 ml Sahne
2 Kartoffeln
4 Zehen Knoblauch
1 Zwiebel
Salz und Pfeffer
Petersilie gehackt
zum Garnieren
Pflanzenöl

Zubereitung

Die Kartoffeln am besten in der Folie am Gasgrill garen. Das Pflanzenöl in einen Topf geben, auf den Grill stellen und den gehackten Knoblauch und die gewürfelte Zwiebel darin anrösten. Die Brühe mit der Sahne in den Topf geben und am Gasgrill köcheln lassen. Den Bacon knusprig grillen. Den Käse würfeln und in der Suppe auflösen. Mit Salz und Pfeffer abschmecken und mit dem Stabmixer pürieren. Den knusprigen Speck in kleine Stücke schneiden, in die Suppe geben, anrichten und mit Petersilie bestreuen.

Suppe mit Kartoffel und Mango

Zutaten für zwei Personen

4 Kartoffeln
1 Mango
400 ml Brühe
2 Chilis
100 ml Kokosmilch
Sojasauce
1/2 Bund Minze gehackt
2 EL Joghurt

Zubereitung

Die Kartoffeln am besten in der Folie am Gasgrill garen. Die Mango ebenfalls mit der Schale auf den Grill legen. Die Brühe in einem Topf auf den Grill stellen und mit den gehackten Chilis aromatisieren, mit der Kokosmilch verfeinern und mit der Sojasauce abschmecken. Die gegarten Kartoffeln und die Mango vorsichtig schälen und in kleine Stücke schneiden, in der Suppe für weitere **3 Minuten** köcheln lassen. Anrichten, mit Joghurt nappieren und mit der Minze bestreuen.

Suppe mit Kohlrabi und Apfel

Zutaten für zwei Personen

1 Kohlrabi
1 Apfel
2 Schalotten
2 Zehen Knoblauch
400 ml Brühe
Kala Namak, schwarzes Himalayasalz
Tabasco
Basilikum gehackt zum Bestreuen

Zubereitung

Den Kohlrabi und den Apfel auf den Grill legen und bei **180° Celsius** garen. Die Schalotten und die Knoblauchzehen ebenfalls in der Schale auf den Grill legen und dunkel grillen. Die Brühe in einem Topf auf dem Gasgrill erhitzen. Den Kohlrabi leicht abschälen, den Apfel entkernen und Schalotten und Knoblauch ebenfalls schälen. Alles klein schneiden und in die Suppe geben. Mit Kala Namak und Tabasco abschmecken und mit dem Stabmixer pürieren. Anrichten und mit Basilikum bestreuen.

Spinatsuppe mit Grillkäse

Zutaten für zwei Personen

100 Gramm Blattspinat
400 ml Brühe
250 Gramm Grillkäse
Salz und Pfeffer
Muskat gemahlen
1 Zwiebel
4 Zehen Knoblauch
Pflanzenöl
2 TL Pinienkerne geröstet

Zubereitung

Zwiebel und Knoblauch klein hacken und in einem Topf im Pflanzenöl am Gasgrill anschwitzen lassen. Den Blattspinat hinzugeben und mit der Brühe aufgießen, salzen, pfeffern und mit Muskat abschmecken, nach **10 Minuten** pürieren. In der Zwischenzeit den Grillkäse auf dem Grill bei **200° Celsius** goldbraun angrillen. Die pürierte Suppe anrichten, den Grillkäse würfeln und in die Suppe geben, zuletzt mit den gerösteten Pinienkernen garnieren.

Suppe mit indischen Spinatblüten und Fisch

Zutaten für zwei Personen

150 Gramm indische Spinatblüten - alternativ Vogelmiere | 1 Avocado | 1 Fischfilet à 200 Gramm | Sojasauce | Cayennepfeffer | etwas Abrieb einer Limette | 400 ml Brühe | 1/2 TL Natron | Zitronensaft | Himalayasalz | Olivenöl

Zubereitung

Die Avocado mit der Schale auf den Grill legen. Den Fisch mit Himalayasalz und Zitronensaft würzen, leicht mit Olivenöl einpinseln und für **3 Minuten** je Seite auf dem Grill garen. Die Brühe in einem Topf auf dem Grill erhitzen. Die Spinatblüten in kleine Stücke schneiden und in den Topf geben. Natron hinzu fügen, damit die grüne Farbe erhalten bleibt. Die Avocado schälen und in kleine Würfel schneiden, den Fisch ebenfalls in kleine Stücke teilen und beides mit in die Suppe geben. Mit Sojasauce und Cayennepfeffer abschmecken und zum Anrichten mit dem Abrieb der Limette bestreuen.

Suppe aus Röschen-Gemüse

Zutaten für zwei Personen

60 Gramm Brokkoli
60 Gramm Blumenkohl
60 Gramm Romanesco
400 ml Brühe
2 EL Sauerrahm
Salz und Pfeffer
Kümmel gemahlen
etwas flüssiger Rauch
1 TL Hefeflocken

Zubereitung

Das Röschengemüse für **5 Minuten** auf den **180° Celsius** heißen Grill legen. Die Brühe in der Zwischenzeit am Gasgrill erhitzen. Das Gemüse in Stücke schneiden, in die Suppe geben und für **12 Minuten** köcheln lassen. Den Sauerrahm einrühren und mit Salz, Pfeffer, Kümmel, flüssigem Rauch und Hefeflocken abschmecken. Mit dem Stabmixer pürieren und anrichten.

Auberginen-Suppe

Zutaten für zwei Personen

2 mittelgroße Auberginen
1 kleine Zucchini
2 Schalotten
2 Zehen Knoblauch
400 ml Brühe
100 ml passierte Tomaten
Zitronensaft
Pfeffer aus der Mühle
etwas Abrieb einer Zitrone
Oregano
Olivenöl

Zubereitung

Die Auberginen und die Zucchini, sowie die Schalotten und den Knoblauch mit der Schale auf den Grill legen und für **6 Minuten** rösten lassen. In der Zwischenzeit die Brühe mit den passierten Tomaten am Gasgrill erhitzen. Die Aubergine und die Zucchini in Stücke schneiden, die Schalotten und den Knoblauch aus der Schale nehmen und alles in die Suppe geben. Mit Zitronensaft, Pfeffer aus der Mühle und Abrieb der Zitrone abschmecken. Mit dem Pürierstab aufmixen, anrichten und mit Oregano bestreuen und mit Olivenöl beträufeln.

Salate zaubern mit dem Gasgrill

Salate gehören zu jeder Grillparty dazu. Hier haben wir tolle neue Salatrezepte, die sich ebenfalls im Nu direkt mit dem Gasgrill zubereiten lassen. Neben saftigen Steaks sind diese garantiert der Hit auf jedem BBQ.

Röstkartoffel-Salat

Zutaten für zwei Personen

6 mittelgroße Kartoffeln
60 Gramm Bauchspeck
1 Zwiebel
3 Zehen Knoblauch
100 ml Brühe
Essig und Öl
Salz und Pfeffer
1 Bund Schnittlauch in Röllchen
4 EL Schmand

Zubereitung

Die Kartoffeln am Grill in der Schale bei **200° Celsius** für **30 Minuten** garen. Den Bauchspeck in Scheiben am Grill knusprig braten. Die Zwiebel und den Knoblauch würfeln und in eine Salatschüssel geben. Die Kartoffeln schälen und blättrig schneiden. Ebenfalls in die Salatschüssel geben. In der Zwischenzeit die Brühe am Gasgrill erhitzen und heiß über die Kartoffeln gießen. Mit Essig und Öl, Salz und Pfeffer abschmecken und den Schnittlauch und den Schmand unterrühren. Den knusprigen Bauchspeck grob zerbröseln und den Kartoffelsalat damit bestreuen.

Ratatouille Salat

Zutaten für zwei Personen

1 Aubergine
1 Zucchini
je 1 Paprika grün, gelb und rot
2 Zehen Knoblauch
1 rote Zwiebel
Rotweinessig
Olivenöl
Meersalz und Pfeffer aus der Mühle
Oregano frisch oder getrocknet

Zubereitung

Die Aubergine, Zucchini, Paprika, Knoblauch und Zwiebel auf den Grill legen. Bei **180° Celsius** für etwa **20 Minuten** grillen und in kleine Scheiben schneiden. In einer Salatschüssel mit Rotweinessig, Olivenöl, Meersalz und Pfeffer aus der Mühle marinieren und mit Oregano bestreuen.

Salat mit Asia Rindfleisch

Zutaten für zwei Personen

250 Gramm Beiried
1 grüne Mango
100 Gramm Zupfsalate
Reisweinessig
Sesamöl
Sojasauce hell
Sojasauce dunkel
1 TL brauner Zucker
1 EL Currypaste
Zitronenmelisse gehackt

Zubereitung

Aus den Sojasaucen, dem braunen Zucker und der Currypaste, sowie dem Essig und dem Sesamöl eine Marinade rühren. Das Fleisch in Streifen schneiden und am besten über Nacht in der Marinade durchziehen lassen. Die Mango schälen, entkernen und in sehr feine Streifen schneiden. Mit den Zupfsalaten in eine Salatschüssel geben und mit Reisweinessig und Sesamöl, sowie heller Sojasauce marinieren. In der Zwischenzeit das Fleisch auf dem Grill für **2 Minuten** je Seite bei **200° Celsius** grillen. Die Rindfleischstreifen unter den Salat heben und alles großzügig mit Zitronenmelisse bestreuen.

Surf and Turf Salat

Zutaten für zwei Personen

50 Gramm Feldsalat
50 Gramm Rucola Salat
6 Garnelen ohne Kopf
und Schale geputzt
2 kleine Rinderfilets
à 150 Gramm
Balsamico Essig schwarz
Olivenöl
Meersalz
bunter Pfeffer aus der Mühle

Zubereitung

Das Fleisch salzen und pfeffern und zusammen mit den Garnelen bei **200° Celsius** für gut **2 Minuten** je Seite grillen. Die Salate waschen und in der Salatschüssel mit Balsamico Essig, Olivenöl, Meersalz und buntem Pfeffer marinieren. Den Salat anrichten und mit den in Streifen geschnittenen Steaks und mit den Garnelen belegen.

Salat mit Tintenfisch

Zutaten für zwei Personen

4 Tintenfisch Tuben geputzt
80 Gramm Weißkraut
50 Gramm Eisbergsalat
1 Spitzpaprika rot
2 Scheiben Ananas
Olivenöl
Balsamico Essig weiß
Salz und Pfeffer
1/2 Bund Petersilie gehackt

Zubereitung

Den Tintenfisch abwaschen, trocken tupfen, mit Olivenöl bestreichen, salzen, pfeffern und auf den Gasgrill legen. Tintenfisch bei **200° Celsius** für **2 Minuten** je Seite grillen. In der Zwischenzeit das Weißkraut hobeln, den Salat klein schneiden, den Spitzpaprika in Streifen und die Ananas in Würfel schneiden. Alles gut vermengen und mit Essig, Öl, Salz und Pfeffer marinieren. Den Tintenfisch in dünne Streifen schneiden und unterheben. Zum Anrichten mit Petersilie bestreuen.

Salat mit gebratenem Lachs

Zutaten für zwei Personen

2 Lachsfilets à 150 Gramm
Meersalz
Zitronensaft
Olivenöl
150 Gramm Wildkräuter Salat
10 Cherrytomaten
1 Orange filetiert
2 EL Cashew Nüsse grob gehackt
Sherry-Essig
bunter Pfeffer aus der Mühle

Zubereitung

Den Lachs mit Olivenöl einpinseln, salzen und mit Zitronensaft beträufeln. Am Gasgrill bei **180° Celsius** für **4 Minuten** pro Seite grillen. In der Zwischenzeit den Wildkräuter Salat mit den halbierten Tomaten und den Orangen-Filets, sowie mit den Nüssen vermengen und mit Olivenöl und Sherry Essig marinieren. Auf Tellern anrichten, den Fisch in drei Teile schneiden, auf dem Salat drappieren und großzügig mit buntem Pfeffer bestreuen.

Salat mit Halloumi

Zutaten für zwei Personen

200 Gramm Eisbergsalat
2 Scheiben Halloumi
à 120 Gramm
Olivenöl
Weißweinessig
Salz und Pfeffer
8 Scheiben Auberginen
à 0,5 cm dick
8 Scheiben Zucchini
à 0,5 cm dick
5 Dattel-Tomaten
2 Feigen
1/2 Dose Kichererbsen
1 TL Tahini
2 EL Sauerrahm

Zubereitung

Den Eisbergsalat klein schneiden und in eine Salatschüssel geben, mit Essig, Öl, Salz und Pfeffer marinieren. Halloumi, Auberginen und Zucchini auf den Grill legen und für **10 Minuten** grillen. Den Eisbergsalat anrichten und mit den halbierten Tomaten und den geviertelten Feigen garnieren. Die Kichererbsen mit dem Tahini und dem Sauerrahm mit dem Stabmixer zu einem Dressing pürieren. Den Halloumi und das Gemüse am Salat anrichten und großzügig mit dem Dressing übergießen.

Salat mit zweierlei Spargel

Zutaten für zwei Personen

80 Gramm Spargel weiß
80 Gramm Spargel grün
Vanillezucker
Olivenöl
Zitronensaft
2 Tomaten
1 Avocado
Apfelessig
Hanföl
1 rote Bete
1 EL Honig
Tabascosauce

Zubereitung

Den Vanillezucker mit Olivenöl und Zitronensaft vermengen und den Spargel damit marinieren. Den Spargel bei **190° Celsius** für **10 Minuten** rundherum grillen. Tomaten und Avocado würfeln und die rote Bete raspeln. Aus Apfelessig, Hanföl, Honig und Tabasco eine Marinade rühren und den Salat damit anmachen. Auf Tellern anrichten und den Spargel hübsch darauf legen.

Salat mit Huhn und Ananas

Zutaten für zwei Personen

2 Hühnerbrüste ohne Haut
à 130 Gramm
1/2 Ananas
150 Gramm Blattsalat
1/2 Salatgurke
40 Gramm Sojasprossen
Apfelessig
Kürbiskernöl
Salz und Pfeffer
Estragon zum Bestreuen

Zubereitung

Die Hühnerbrüste salzen und pfeffern und auf dem Grill bei **200° Celsius** für **3 Minuten** je Seite scharf angrillen und für **10 Minuten** bei indirekter Hitze fertig grillen. Die Ananas in Scheiben schneiden und ebenfalls gut angrillen. Die Blattsalate mit der Gurke in Scheiben geschnitten und mit den Sojasprossen in einer Salatschüssel vermengen und mit Apfelssig, Kürbiskernöl, Salz und Pfeffer marinieren. Das Huhn und die Ananas in Würfel schneiden, unterheben und anrichten. Mit gehacktem Estragon bestreuen.

Salat mit Schweinefilet und Pfirsich

Zutaten für zwei Personen

Schweinefilet im Ganzen
à 300 Gramm
Salz und Pfeffer
Senf und Ketchup
2 Pfirsiche
100 Gramm Rotkraut
Sonnenblumenöl
Himbeer-Essig
2 Stangen Staudensellerie
1/2 Bund Petersilie gehackt

Zubereitung

Das Fleisch mit Senf und Ketchup einreiben, salzen und pfeffern und auf dem Grill bei **200° Celsius 12 Minuten** rundherum anbraten. Die Pfirsiche halbieren, entsteinen und ebenfalls angrillen. Das Rotkraut hobeln, salzen und pfeffern und gut durchkneten. Mit Essig und Öl marinieren, Staudensellerie in Scheiben schneiden und zusammen mit der Petersilie unterheben. Den Salat anrichten, die Pfirsiche in Streifen schneiden, das Fleisch ebenfalls in Scheiben schneiden und auf dem Salat anrichten.

Salat mit Rinderfilet und Mango

Zutaten für zwei Personen

1 Rinderfilet mit 350 Gramm
1 Mango nicht zu weich
100 Gramm Blattsalat
50 Gramm Erdnuss-Sprossen
1 Kohlrabi
1 Paprika rot
Balsamico Essig schwarz
Leinöl
Meersalz und Pfeffer
aus der Mühle
Harissa

Zubereitung

Das Fleisch mit Harissa einreiben, salzen und pfeffern und am Gasgrill bei **200° Celsius** für **12 Minuten** rundherum braten. Die Mango schälen, in Spalten schneiden und diese ebenfalls grillen. Die Blattsalate, die Sprossen, den gehobelten Kohlrabi und die in Streifen geschnittene Paprika in der Salatschüssel mit Essig, Öl, Salz und Pfeffer marinieren und auf Tellern anrichten. Das Fleisch in Tranchen schneiden und mit den gegrillten Mangos auf dem Salat anrichten.

Salat mit Bacon und Bananen

Zutaten für zwei Personen

100 Gramm Bacon
2 Bananen nicht zu weich
2 EL Erdnussbutter
Zitronensaft
80 Gramm Lolo Rosso
80 Gramm Lolo Bianco
20 Gramm Radicchio
Apfelessig
Kokosöl
Meersalz und Cayennepfeffer
Kresse zum Bestreuen

Zubereitung

Den Bacon in Scheiben auf dem Grill knusprig braten und die Bananen in der Schale ebenfalls grillen. Die Salate waschen, in mundgerechte Stücke zupfen und mit Essig, Öl, Salz und Pfeffer marinieren. Auf den Tellern anrichten und den Bacon und die Banane in Scheiben geschnitten, ohne Schale, darauf verteilen. Die Erdnussbutter kräftig mit dem Zitronensaft verrühren und dieses Dressing über dem Salat verteilen. Zum Servieren mit Kresse bestreuen.

Salat mit Hühnerleber

Zutaten für zwei Personen

240 Gramm Hühnerleber
1 Apfel
100 Gramm Feldsalat
Apfelessig
Walnussöl
2 EL Walnüsse grob gehackt
2 Tomaten
1/4 Salatgurke
1 Bund Jungzwiebel in Röllchen geschnitten
Salz und Pfeffer
Kapuziner-Kresse und einige Blüten

Zubereitung

Die Hühnerleber bei **200° Celsius** für **8 Minuten** am Gasgrill grillen und auf indirekte Hitze legen. Den Apfel entkernen und in Scheiben schneiden. Diese ebenfalls grillen. Den Feldsalat waschen und mit Essig, Öl, Salz und Pfeffer marinieren. Die Nüsse untermengen, die Tomaten und die Gurke klein schneiden und zusammen mit den Jungzwiebeln ebenfalls zum Salat geben. Auf zwei Tellern anrichten und mit den Äpfeln und der Leber belegen. Mit der Kresse bestreuen und mit den Blüten garnieren.

Salat mit gebratenen Pilzen

Zutaten für zwei Personen

Je 6 Champignons braun und weiß
5 Kräuterseitlinge
4 Shiitake Pilze
50 Gramm Pfifferlinge
100 Gramm Kopfsalat
1/4 Knollensellerie
Balsamico Essig schwarz
Sonnenblumenöl
1 EL Meerrettich frisch gerieben
1 TL Senf
1 EL Goji Beeren
1 Bund Schnittlauch in Röllchen

Zubereitung

Die Pilze in gleich große Stücke schneiden und am Grill für **5 Minuten** grillen. Den Kopfsalat in mundgerechte Stücke zupfen und zusammen mit der geraspelten Knollensellerie in der Salatschüssel vermengen. Mit Essig, Öl, Meerrettich und Senf eine Marinade rühren und den Salat damit anmachen. Die Goji Beeren mit dem Schnittlauch und den Pilzen vermengen und auf dem Salat anrichten.

Salat mit Zucchini und Ochsenherz-Tomaten

Zutaten für zwei Personen

1 Ochsenherztomate
1 Zucchini
1 kleiner Kopf Eisbergsalat
2 Scheiben Toastbrot
Olivenöl
2 Knoblauchzehen gepresst
Rotweinessig
40 Gramm Alfalfasprossen
Meersalz und weißer Pfeffer

Zubereitung

Die Tomate in 1 cm dicke Scheiben schneiden, auf den Gasgrill legen und mit Meersalz bestreuen. Für **4 Minuten** je Seite grillen. Die Zucchini in 0,5 cm dicke Scheiben schneiden und ebenfalls grillen. Den Eisbergsalat klein schneiden und zusammen mit den Sprossen mit Essig und Öl marinieren. Den Toast mit Olivenöl einstreichen und den Knoblauch darauf verteilen. Am Grill knusprig grillen. Den Salat anrichten, die Tomaten und die Zucchini darauf verteilen und das Toastbrot in Croutons geschnitten darauf verteilen. Zuletzt mit etwas Meersalz und weißem Pfeffer bestreuen.

Nudelsalat mit Röstgemüse

Zutaten für zwei Personen

1 Zucchini
1 Aubergine
1 Paprika gelb und rot
2 Tomaten
2 Scheiben Kohlrabi
je 1 cm dick
1 Avocado in Scheiben
geschnitten
Masala-Essig
Olivenöl
200 Gramm Nudeln gekocht
2 EL Mayonnaise
2 TL süßer Senf
Salz und Pfeffer
Petersilie gehackt

Zubereitung

Die gekochten Nudeln am besten noch warm mit einem Dressing aus Essig, Öl, Mayonnaise, Senf, Salz, Pfeffer und Petersilie marinieren. Das Gemüse in Scheiben schneiden und am Grill bei etwa **200° Celsius** grillen, vom Grill nehmen und in Würfel schneiden. Vorsichtig unter die Nudeln heben und nach Bedarf mit Salz und Pfeffer nachwürzen.

Couscous-Salat mit gegrilltem Lamm

Zutaten für zwei Personen

80 Gramm Couscous
250 ml Brühe
1/2 Salatgurke gewürfelt
je 1 Paprika gelb und rot gewürfelt
1 Bund Minze gehackt
Kerne von 1 Granatapfel
2 Lammsteaks à 200 Gramm
Ras-el Hanout
Meersalz und Pfeffer aus der Mühle
Aprikosenessig
Sesamöl
2 TL Tahini
1 TL brauner Zucker

Zubereitung

Die Brühe in einem Topf am Gasgrill erhitzen und über den Couscous gießen. Für **15 Minuten** ziehen lassen, mit einer Gabel auflockern und in die Salatschüssel geben. Gurke, Paprika, Minze und Granatapfelkerne untermengen und alles mit Ras-el Hanout, Meersalz und Pfeffer marinieren. Das Lamm salzen und pfeffern und am Grill bei **200° Celsius** für **4 Minuten** pro Seite grillen, vom Grill nehmen und in Streifen schneiden. Den Couscous Salat anrichten und das Lamm darauf drappieren. Aus Tahini, braunem Zucker, Essig, Öl, Salz, Pfeffer und Ras-el Hanout ein Dressing rühren und den Salat damit nappieren.

Gegrillter Waldorf Salat

Zutaten für zwei Personen

1 kleiner Knollensellerie in 1 cm dicke Scheiben
1 Apfel in Scheiben
1 Birne in Scheiben
2 Stangen Staudensellerie
2 EL Walnüsse
Walnussöl
Apfelessig
100 Gramm Feldsalat
1 EL Senf mittelscharf
Salz und Pfeffer

Zubereitung

Knollensellerie, Apfel und Birne auf dem Gasgrill garen. Stangensellerie in kleine Stücke schneiden und zusammen mit den Walnüssen und dem Feldsalat mit einem Dressing aus Essig, Öl, Senf, Salz und Pfeffer marinieren. Das Obst und das Gemüse in dünne Streifen schneiden und vorsichtig unter den Salat heben.

Salat mit Schinken- und Käse-Rollen

Zutaten für zwei Personen

6 Scheiben Beinschinken
6 Scheiben Schnittkäse
3 EL Frischkäse
Salz und Pfeffer
Tabasco
120 Gramm Blattsalate
Apfelessig
Sonnenblumenöl
Kresse zum Bestreuen

Zubereitung

Den Beinschinken mit je einer Scheibe Käse belegen und mit dem Frischkäse bestreichen. Den Frischkäse zuvor mit Salz, Pfeffer und Tabasco anrühren. Zu Rollen formen und am Gasgrill für **6 Minuten** rundherum grillen. Die Blattsalate mit Essig, Öl, Salz und Pfeffer marinieren, anrichten, mit den Röllchen belegen und mit der Kresse bestreuen.

Salat mit gefüllten Zucchini-Rollen

Zutaten für zwei Personen

1 Zucchini in Längsscheiben geschnitten je 3 mm dick
200 Gramm Hüttenkäse
Salz und Pfeffer
1 TL Ahornsirup
Apfelessig
Olivenöl
1 Gewürzgurke fein gehackt
1 Pfefferoni fein gehackt
2 Knoblauchzehen gepresst
1 Kopfsalat
Schnittlauch in Röllchen

Zubereitung

Den Hüttenkäse mit Salz und Pfeffer, Ahornsirup, Gewürzgurke, Pfefferoni und Knoblauch gut verrühren. Die Zucchinischeiben damit bestreichen und einrollen. Mit einem Zahnstocher fixieren und am Grill für **8 Minuten** von allen Seiten braten. Den Kopfsalat waschen und in mundgerechte Stücke zupfen. Eventuell übrigen Hüttenkäse mit Essig und Öl verrühren und den Salat damit marinieren. Den Salat anrichten, die Röllchen darauf verteilen und mit Schnittlauch bestreuen.

Snacks vom Gasgrill

Ein Grillabend kann gerne auch etwas länger dauern. Da ist es gut, wenn zwischendurch immer wieder leckere Snacks zur Hand sind. Diese lassen sich bequem nebenbei zubereiten und sind auch auf Partys oder beim Brunch immer der absolute Hit.

Hühnerhaut Chips

Zutaten für zwei Personen

Die Haut von 6 Hühnerbrüsten
300 ml Wasser
Olivenöl
Paprika süß und scharf
Salz und Pfeffer
Sojasauce
2 TL Honig

Zubereitung

Das Wasser in einem Topf am Gasgrill erhitzen und die Hühnerhaut für **6 Minuten** darin kochen. Aus dem Wasser nehmen und in einer Marinade aus Öl, Paprika, Salz, Pfeffer, Sojasauce und Honig einlegen. Die Haut in Streifen schneiden und am Grill bei **200° Celsius** für **2 Minuten** pro Seite knusprig braten.

Knusprige Schweinebauch Würfel

Zutaten für zwei Personen

2 Scheiben Schweinebauch gut durchzogen je 1 cm dick
Salz und Pfeffer
Kümmel gemahlen
Knoblauch gepresst
Senf
Paprikapulver
Pflanzenöl

Zubereitung

Aus den Gewürzen eine Marinade rühren und den Schweinebauch am besten über Nacht darin marinieren lassen. Am Grill bei **200° Celsius** für **10 Minuten** knusprig braten. In Streifen oder Würfel schneiden und snacken. Dieser Snack schmeckt warm oder kalt ganz ausgezeichnet.

Hühnerflügel Cajun Style

Zutaten für zwei Personen

10 Hühnerflügerl
Olivenöl
Balsamico Essig schwarz
3 Zehen Knoblauch gepresst
Zwiebelpulver
Oregano
Thymian
Meersalz und Cayennepfeffer
2 TL Ahornsirup
Limettensaft
Paprikapulver
Kümmel gemahlen
Majoran

Zubereitung

Aus allen Zutaten außer dem Hühnchen eine Marinade rühren und die Flügel am besten über Nacht im Kühlschrank darin ziehen lassen. Die Hühnerflügel am Gasgrill bei **200° Celsius** für **25 Minuten** richtig knusprig braten. Diese aromatischen Teilchen schmecken auch kalt noch himmlisch und sind auch ein tolles After-Party-Frühstück.

Brot Chips

Zutaten für zwei Personen

250 Gramm Brot nach Wahl - gerne auch altbacken
Olivenöl
Knoblauch gepresst
Meersalz

Zubereitung

Das Brot in 0,5 cm dicke Scheiben schneiden, gut mit Olivenöl bepinseln und mit Knoblauch bestreichen. Am Gasgrill bei **180° Celsius** für maximal **6 Minuten** rundherum grillen. Vom Grill nehmen, mit der Hand in Stücke brechen und mit Meersalz bestreuen. Vorsicht, dass das Brot am Grill nicht schwarz wird. Falls das Brot sehr trocken ist, kann es bereits nach **3 Minuten** fertig sein.

Bruschetta

Zutaten für zwei Personen

8 Scheiben Baguette
Olivenöl
2 Tomaten klein gewürfelt
Oregano
2 Knoblauchzehen fein gehackt
1 kleine Zwiebel fein gewürfelt
Salz und Pfeffer

Zubereitung

Die Tomaten mit Oregano, Knoblauch und Zwiebel vermengen und mit Salz und Pfeffer abschmecken. Das Baguette beidseitig gut mit Olivenöl bepinseln. Die Tomaten auf dem Brot verteilen und auf den Gasgrill legen. Bei **180° Celsius** für etwa **4 Minuten** grillen.

Geröstete Kichererbsen

Zutaten für zwei Personen

1 Dose Kichererbsen gut abgetropft
Olivenöl
Meersalz
Ras-el Hanout
2 Chilischoten
etwas Abrieb einer Bio Limette

Zubereitung

Die Kichererbsen am besten mit einem Küchentuch trocken tupfen und auf eine Alu-Grilltasse geben. Mit Meersalz, Ras-el Hanout und gehacktem Chili vermengen und mit Olivenöl beträufeln. Auf dem Gasgrill bei **200° Celsius** für **15 Minuten** knusprig backen.

Schweinefackeln

Zutaten für zwei Personen

200 Gramm Schweine-Hackfleisch
6 Scheiben Bacon
Salz und Pfeffer
2 Knoblauchzehen gepresst
2 Schalotten fein gehackt
1 EL Maisstärke

Zubereitung

Das Hackfleisch mit Salz, Pfeffer, Knoblauch und Schalotten vermengen und mit der Maisstärke abbinden. Die Masse rund um 6 Holzspieße geben und mit dem Bacon umwickeln. Am Gasgrill bei **180° Celsius** für **8 Minuten** knusprig grillen.

Bacon Chips

Zutaten für zwei Personen

200 Gramm Frühstücks-Speck aufgeschnitten
2 EL Honig
Zitronensaft
Salz und Pfeffer
Tabasco
Sojasauce

Zubereitung

Aus allen Zutaten außer dem Speck eine Marinade rühren. Den Speck beidseitig mit der Marinade einstreichen. Auf den Grill legen und für **einige Minuten** bei **180° Celsius** knusprig grillen.

Karotten Chips

Zutaten für zwei Personen

4 Karotten - gerne mehrfarbig
2 EL Ahornsirup
Zitronensaft
Salz und Cayennepfeffer
Zimt gemahlen
Muskat gemahlen

Zubereitung

Die Karotten in 3 mm dicke Scheiben schneiden. Aus den restlichen Zutaten eine Marinade rühren. Die Karotten am besten über Nacht darin durchziehen lassen. Auf einer Alu-Tasse am Gasgrill bei **180° Celsius** für **5 Minuten** je Seite knusprig grillen.

Violetta Kartoffel Chips

Zutaten für zwei Personen

4 bis 6 Violetta Kartoffeln
Apfelessig
Sambal Oelek
Meersalz

Zubereitung

Die Kartoffeln gut waschen und in 3 mm dicke Scheiben schneiden. Mit Apfelessig und Sambal Oelek marinieren. Auf einer Alu-Grilltasse bei **180° Celsius** für **6 bis 8 Minuten** pro Seite knusprig grillen. Mit Meersalz bestreuen.

Beilagen

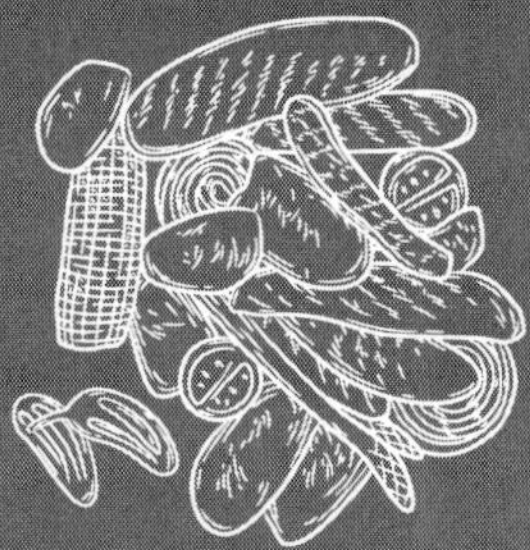

Für ein gelungenes BBQ dürfen natürlich abwechslungsreiche Beilagen nicht fehlen. Längst reichen Brot und Kartoffelsalat nicht mehr. Häufig ist es so, dass sich Gäste gerne an den köstlichen Beilagen satt essen und das Fleisch und die Würstchen nur mehr Nebensache sind.

Folienkartoffeln mit Sauerrahm und Kräutern

Zutaten für zwei Personen

8 Scheiben Baguette
Olivenöl
2 Tomaten klein gewürfelt
Oregano
2 Knoblauchzehen fein gehackt
1 kleine Zwiebel fein gewürfelt
Salz und Pfeffer

Zubereitung

Die Tomaten mit Oregano, Knoblauch und Zwiebel vermengen und mit Salz und Pfeffer abschmecken. Das Baguette beidseitig gut mit Olivenöl bepinseln. Die Tomaten auf dem Brot verteilen und auf den Gasgrill legen. Bei **180° Celsius** für etwa **4 Minuten** grillen.

Ofenkartoffeln mit Salsa

Zutaten für zwei Personen

1 Dose Kichererbsen gut abgetropft
Olivenöl
Meersalz
Ras-el Hanout
2 Chilischoten
etwas Abrieb einer Bio Limette

Zubereitung

Die Kichererbsen am besten mit einem Küchentuch trocken tupfen und auf eine Alu-Grilltasse geben. Mit Meersalz, Ras-el Hanout und gehacktem Chili vermengen und mit Olivenöl beträufeln. Auf dem Gasgrill bei **200° Celsius** für **15 Minuten** knusprig backen.

Ofenkartoffel mit Hühnchen und Ananas

Zutaten für zwei Personen

200 Gramm Schweine-Hackfleisch
6 Scheiben Bacon
Salz und Pfeffer
2 Knoblauchzehen gepresst
2 Schalotten fein gehackt
1 EL Maisstärke

Zubereitung

Das Hackfleisch mit Salz, Pfeffer, Knoblauch und Schalotten vermengen und mit der Maisstärke abbinden. Die Masse rund um 6 Holzspieße geben und mit dem Bacon umwickeln. Am Gasgrill bei **180° Celsius** für **8 Minuten** knusprig grillen.

Ofenkartoffel mit Bacon und Käse

Zutaten für zwei Personen

200 Gramm Frühstücks-Speck aufgeschnitten
2 EL Honig
Zitronensaft
Salz und Pfeffer
Tabasco
Sojasauce

Zubereitung

Aus allen Zutaten außer dem Speck eine Marinade rühren. Den Speck beidseitig mit der Marinade einstreichen. Auf den Grill legen und für **einige Minuten** bei **180° Celsius** knusprig grillen.

Maiskolben mit Kala Namak

Zutaten für zwei Personen

8 Scheiben Baguette
Olivenöl
2 Tomaten klein gewürfelt
Oregano
2 Knoblauchzehen fein gehackt
1 kleine Zwiebel fein gewürfelt
Salz und Pfeffer

Zubereitung

Die Tomaten mit Oregano, Knoblauch und Zwiebel vermengen und mit Salz und Pfeffer abschmecken. Das Baguette beidseitig gut mit Olivenöl bepinseln. Die Tomaten auf dem Brot verteilen und auf den Gasgrill legen. Bei **180° Celsius** für etwa **4 Minuten** grillen.

Hassleback Kartoffeln

Zutaten für zwei Personen

1 Dose Kichererbsen gut abgetropft
Olivenöl
Meersalz
Ras-el Hanout
2 Chilischoten
etwas Abrieb einer Bio Limette

Zubereitung

Die Kichererbsen am besten mit einem Küchentuch trocken tupfen und auf eine Alu-Grilltasse geben. Mit Meersalz, Ras-el Hanout und gehacktem Chili vermengen und mit Olivenöl beträufeln. Auf dem Gasgrill bei **200° Celsius** für **15 Minuten** knusprig backen.

Gefülltes Brot

Zutaten für zwei Personen

200 Gramm Schweine-Hackfleisch
6 Scheiben Bacon
Salz und Pfeffer
2 Knoblauchzehen gepresst
2 Schalotten fein gehackt
1 EL Maisstärke

Zubereitung

Das Hackfleisch mit Salz, Pfeffer, Knoblauch und Schalotten vermengen und mit der Maisstärke abbinden. Die Masse rund um 6 Holzspieße geben und mit dem Bacon umwickeln. Am Gasgrill bei **180° Celsius** für **8 Minuten** knusprig grillen.

Knoblauchbaguette

Zutaten für zwei Personen

200 Gramm Frühstücks-Speck aufgeschnitten
2 EL Honig
Zitronensaft
Salz und Pfeffer
Tabasco
Sojasauce

Zubereitung

Aus allen Zutaten außer dem Speck eine Marinade rühren. Den Speck beidseitig mit der Marinade einstreichen. Auf den Grill legen und für **einige Minuten** bei **180° Celsius** knusprig grillen.

Knusprige Speck-Datteln

Zutaten für zwei Personen

8 Scheiben Baguette
Olivenöl
2 Tomaten klein gewürfelt
Oregano
2 Knoblauchzehen fein gehackt
1 kleine Zwiebel fein gewürfelt
Salz und Pfeffer

Zubereitung

Die Tomaten mit Oregano, Knoblauch und Zwiebel vermengen und mit Salz und Pfeffer abschmecken. Das Baguette beidseitig gut mit Olivenöl bepinseln. Die Tomaten auf dem Brot verteilen und auf den Gasgrill legen. Bei **180° Celsius** für etwa **4 Minuten** grillen.

Speckfisolen

Zutaten für zwei Personen

1 Dose Kichererbsen gut abgetropft
Olivenöl
Meersalz
Ras-el Hanout
2 Chilischoten
etwas Abrieb einer Bio Limette

Zubereitung

Die Kichererbsen am besten mit einem Küchentuch trocken tupfen und auf eine Alu-Grilltasse geben. Mit Meersalz, Ras-el Hanout und gehacktem Chili vermengen und mit Olivenöl beträufeln. Auf dem Gasgrill bei **200° Celsius** für **15 Minuten** knusprig backen.

Veggie Beilagen

Diese Beilagen sind vegan oder vegetarisch und liegen somit absolut im Trend. Immer mehr Menschen verzichten auf tierische Proteine und auch beim Grillen macht sich dieser Trend stark bemerkbar.

Zucchini Rösti

Zutaten für zwei Personen

1 Zucchini
1 kleine Zwiebel
2 Zehen Knoblauch
2 EL Haferflocken
1 TL Maisstärke
Salz und Pfeffer
1 Prise Muskat gemahlen
1 Prise Zimt gemahlen

Zubereitung

Die Zucchini raspeln und die Zwiebel und den Knoblauch fein hacken. Mit den restlichen Zutaten gut verkneten und für **15 Minuten** quellen lassen. Mit feuchten Händen kleine Rösti formen. Diese am Grill für **4 Minuten** je Seite bei **180° Celsius** knusprig grillen. Diese Rösti sind nicht nur Beilage, sondern auch eine tolle Alternative zu Burger Patties.

Gemüse-Spieße

Zutaten für zwei Personen

4 Cherrytomaten
1 Scheibe Ananas
1 Pfefferoni
2 Röschen Brokkoli
2 Röschen Blumenkohl
1/4 Möhre
4 Scheiben Aubergine, 2
Scheiben Zucchini
Olivenöl
Sojasauce
Salz und Pfeffer
etwas Abrieb einer Bio Zitrone

Zubereitung

Das Gemüse in etwa gleichgroße Stücke schneiden und abwechselnd auf Spieße auffädeln. Mit dem Olivenöl und der Sojasauce marinieren, salzen und pfeffern und am Grill für etwa **8 Minuten** bei **180° Celsius** rundum grillen. Vor dem Servieren mit dem Abrieb der Zitrone aromatisieren.

Pilz-Spieße

Zutaten für zwei Personen

6 Champignons weiß
4 Champignons braun
2 Shiitake Pilze
2 Austernpilze
2 Kräuterseitlinge
4 Pfifferlinge
4 Mu Err Pilze
Olivenöl
Hoi Sin Sauce
Sojasauce
Honig

Zubereitung

Die Pilze in gleichgroße Stücke schneiden. Aus dem Olivenöl, der Hoi Sin Sauce, der Sojasauce und dem Honig eine Marinade rühren und die Pilze darin durchziehen lassen. Die Pilze auf Spieße fädeln und am Grill bei **190° Celsius** für etwa **10 Minuten** rundherum grillen.

Burnt Lauch - verbrannter Lauch

Zutaten für zwei Personen

2 Lauchstangen
Meersalz
Pfeffer aus der Mühle

Zubereitung

Das untere Ende der Lauchstangen abschneiden und auf den Grill legen. Bei **200° Celsius** so lange grillen, bis der Lauch rundherum richtig schwarz ist. Vom Grill nehmen und die äußeren Blätter entfernen. Vor dem Servieren mit Meersalz und Pfeffer aus der Mühle würzen. Dieser Burnt Lauch ist gerade in vielen Sterne-Lokalen der absolute Renner.

Gegrillte Cherrytomaten

Zutaten für zwei Personen

100 Gramm Cherrytomaten gelb
100 Gramm Cherrytomaten rot
100 Gramm Datteltomaten
100 Gramm Schoko-Cherrytomaten
100 Gramm Kirschtomaten
Olivenöl
Meersalz und Pfeffer aus der Mühle
Basilikum frisch gehackt

Zubereitung

Die Tomaten auf einer Alu-Tasse verteilen. Je bunter die Tomaten sind, um so besser ist es. Mit dem Olivenöl großzügig übergießen. Am Grill bei **200° Celsius** für etwa **12 Minuten** grillen. Die Tomaten sind fertig, wenn die Haut der Tomaten schön aufgeplatzt ist. Vom Grill nehmen und mit Pfeffer aus der Mühle und frisch gehacktem Basilikum bestreuen.

Gefüllte Aubergine

Zutaten für zwei Personen

2 kleine Auberginen
3 EL Frischkäse
3 EL Reibekäse
2 EL Kokosmilch
2 EL Kräuter gehackt
Salz und Pfeffer

Zubereitung

Die Auberginen der Länge nach halbieren und mit einem Löffel behutsam das Innere auskratzen. Die restlichen Zutaten vermengen und mit Salz und Pfeffer würzen. In die ausgehöhlten Auberginen einfüllen. Diese auf eine Alu-Tasse legen und am Gasgrill bei **200° Celsius**, indirekter Hitze und geschlossenem Deckel für **12 Minuten** schmoren lassen.

Schmorgurken

Zutaten für zwei Personen

1 große Salatgurke
1 Bund Dille
Salz und Pfeffer
2 EL Schmand
100 ml Kokosmilch
2 Essiggurken
2 eingelegte Pfefferoni

Zubereitung

Die Salatgurke in etwa 1 cm große Stifte schneiden. Den Dill fein hacken und die Essiggurken und Pfefferoni in sehr kleine Würfel schneiden. Gurken, Dill und das eingelegte Gemüse mit Schmand und Kokosmilch vermengen und gut salzen und pfeffern. Auf einer Alu-Grilltasse verteilen und am Gasgrill bei indirekter Hitze, geschlossenem Deckel und bei **180° Celsius** für **15 bis 20 Minuten** schmoren lassen. Dieses heiße Relish ist auch eine tolle Beilage zu Fleisch und Fisch.

Schwarzwurzeln vom Grill

Zutaten für zwei Personen

250 Gramm Schwarzwurzeln
Essig und Wasser
2 TL brauner Zucker
Olivenöl
Meersalz
Pfeffer aus der Mühle

Zubereitung

Bei den Schwarzwurzeln die holzigen Enden abschneiden und gut schälen. Essig, Wasser und braunen Zucker in einem Topf am Grill erhitzen lassen. Die Schwarzwurzeln darin für etwa **5 Minuten** köcheln lassen. Herausnehmen und am Grill für weitere **5 Minuten** bei **200° Celsius** rundherum anbraten. Vor dem Servieren mit Olivenöl beträufeln und mit Salz und Pfeffer aus der Mühle würzen.

Blumenkohl mit Brösel

Zutaten für zwei Personen

1 kleiner Blumenkohl
Haselnuss-Öl
Meersalz und Pfeffer weiß
4 EL Semmelbrösel
2 EL Haselnüsse fein gerieben
Muskat gemahlen
1 Prise Nelkenpulver gemahlen
Ingwerpulver

Zubereitung

Den Blumenkohl am unteren Ende gerade schneiden und auf eine Alu-Grilltasse setzen, salzen und pfeffern. Semmelbrösel, Haselnüsse, Muskat, Nelkenpulver und Ingwerpulver vermengen und über dem Blumenkohl verteilen. Vorsichtig, aber großzügig mit dem Haselnuss-Öl übergießen. Am Gasgrill bei **180° Celsius,** indirekter Hitze und bei geschlossenem Deckel für **20 Minuten** garen.

Honigkarotten

Zutaten für zwei Personen

6 Karotten
Salz und Cayennepfeffer
Honig
3 EL Brühe oder Wasser
Olivenöl
Zimt gemahlen
Muskat gemahlen
Paprikapulver edelsüß
Ingwer frisch gerieben

Zubereitung

Die Enden der Karotten abschneiden und die Karotten in etwa 3 cm lange, gleich dicke Stifte schneiden. Auf eine Alu-Grilltasse legen. Aus den restlichen Zutaten eine Marinade rühren, nach eigenem Geschmack abschmecken und über die Karotten gießen. Bei indirekter Hitze, bei geschlossenem Deckel und **180° Celsius** am Gasgrill für **20 Minuten** garen lassen.

Hauptspeisen

Nun kommen wir zu den Hauptspeisen. Diese Kategorie haben wir zusätzlich in verschiedene Kapitel unterteilt. Hier ist alles von Geflügel und Rind, Schwein, Lamm, Wild, Fisch und Meeresfrüchten und natürlich auch vegane und vegetarische Hauptspeisen zu finden.

Geflügel

Geflügel gehört bei vielen einfach zu einem gelungenen Grillabend dazu. Kein Wunder, ist es doch leicht und einfach zu grillen, dabei sehr saftig, aromatisch und vielseitig. Egal ob Jung oder Alt, alle lieben Hühnchen und Co in sämtlichen Varianten. Hier sind einige sehr innovative, aber simple Rezepte dabei, die so vielleicht noch nie auf dem heimischen Gasgrill gelandet sind.

Kräuterlimonaden-Huhn

Zutaten für zwei Personen

1 EL Salz
1/2 TL Pfeffer
1/2 TL Paprikapulver geräuchert
1 EL Zitronensaft
1 Dose Almdudler 330 ml
1 Grillhuhn á 1,2 kg

Zubereitung

Salz mit Pfeffer, Paprikapulver, Zitronensaft und 2 EL Almdudler in eine Schüssel geben und zu einer Marinade verrühren. Das Huhn waschen, trocken tupfen und gut mit der Marinade einreiben. Das Huhn auf die Dose setzen, die restliche Limonade sollte in der Dose verbleiben. In den vorheizten Grill stellen und bei **200° Celsius** für etwa **60 Minuten** grillen.

Huhn im Gugelhupf

Zutaten für zwei Personen

1 EL Salz
1/2 TL Pfeffer
1/2 TL Knoblauchpulver
1 TL Thymian
1 Grillhuhn á 1,2 kg
500 ml Bier
2 Zweige Rosmarin

Zubereitung

Salz, Pfeffer, Knoblauchpulver und Thymian in eine Schüssel geben und zu einer trockenen Marinade vermischen. Das Grillhuhn waschen, trocken tupfen und mit den Gewürzen einreiben. Das Bier mit dem Rosmarin in eine Gugelhupfform geben und das Huhn mit der Öffnung auf die Mitte der Gugenhupfform setzen. Den Grill auf **220° Celsius** vorheizen und das Hühnchen für etwa **50 Minuten** grillen.

Hühnerschenkel im Speckmantel

Zutaten für zwei Personen

4 Hühnerschenkel
Salz
Pfeffer
4 Zweige Rosmarin
8 Scheiben Speck

Zubereitung

Die Hühnerschenkel abspülen und trocken tupfen. Mit Salz und Pfeffer würzen, mit Rosmarin belegen und mit den Speckscheiben eng umwickeln. Den Grill auf **200° Celsius** vorheizen und die Schenkel für **30 Minuten** grillen. Diese dabei ab und zu wenden.

Huhn in New Orleans Marinade

Zutaten für zwei Personen

1 TL Salz
1/2 TL Pfeffer
1/2 TL Rohrzucker
1 Messerspitze Senfpulver
1/2 TL Chilipulver
1/2 TL Paprikapulver geräuchert
1 TL Worcester Sauce
1 EL Weißwein Essig
3 EL Olivenöl
2 Hühnerbrüste mit Haut

Zubereitung

Salz mit Pfeffer, Rohrzucker, Senfpulver, Chilipulver, Paprikapulver, Worcester Sauce, Weißweinessig und Olivenöl in eine Schüssel geben und zu einer Marinade verrühren. Die Hühnerbrüste abspülen und trocken tupfen. Mit der Marinade gut einpinseln und für **30 Minuten** durchziehen lassen. Den Grill auf **200° Celsius** vorheizen und die Hühnerbrust für **4 Minuten** je Seite grillen und bei indirekter Hitze für weitere **15 Minuten** fertig garen.

Spicy BBQ Huhn

Zutaten für zwei Personen

2 Zehen Knoblauch
1 TL Salz
1 TL Piment d'Espelette
1/2 TL Oregano
1/2 TL Limettenabrieb
1 EL Sherryessig
1 EL Ahornsirup
2 EL Sonnenblumenöl
8 Hühnerunterkeulen

Zubereitung

Den Knoblauch schälen und fein hacken. Knoblauch mit Salz, Piment d´Espelette, Oregano, Limettenabrieb, Sherryessig, Ahornsirup und Sonnenblumenöl in eine Schüssel geben und zu einer Marinade verrühren. Die Hühnerunterkeulen abspülen und trocken tupfen. Das Hühnchen mit der Marinade einpinseln und für **15 Minuten** marinieren lassen.
Den Grill auf **220° Celsius** vorheizen und das Huhn für **20 Minuten** grillen. Die Unterkeulen dabei mehrfach wenden.

Hühner-Roulade mit Spinat

Zutaten für zwei Personen

2 Hühnerschnitzel à 150 Gramm
Salz
Pfeffer
1 Zehe Knoblauch
1 Messerspitze Ingwer gerieben
2 EL Frischkäse
1 Messerspitze Chilipulver
1 Handvoll frischen Spinat
1 EL Pinienkerne
1 EL Olivenöl

Zubereitung

Die Hühnerschnitzel dünn klopfen und mit Salz und Pfeffer würzen. Den Knoblauch schälen und fein hacken, mit Ingwer, Frischkäse, Chilipulver, Salz und Pfeffer in eine Schüssel geben und verrühren. Die Schnitzel mit dem Frischkäse einstreichen. Den Spinat waschen, trocken schleudern und auf dem Frischkäse verteilen, mit den Pinienkernen bestreuen. Die Schnitzel einrollen und mit einem Zahnstocher fixieren, mit Olivenöl einpinseln. Den Gasgrill auf den **200° Celsius** vorheizen und die Rouladen für etwa **10 Minuten** rundherum grillen.

Hühner-Roulade mit Tomaten Salsa

Zutaten für zwei Personen

2 Hühnerschnitzel à 150 Gramm
Salz
Pfeffer
2 Tomaten
1 Schalotte
6 Blätter Basilikum
1 kleine Chili
1 TL Tomatenmark
1 EL Olivenöl

Zubereitung

Die Schnitzel dünn klopfen und mit Salz und Pfeffer würzen. Die Tomaten vierteln und vom Kerngehäuse befreien. Die Tomaten fein würfeln. Die Schalotte schälen und ebenfalls fein hacken. Die Basilikumblätter in feine Streifen schneiden. Chili fein hacken. Die Tomatenwürfel mit der Schalotte, Chili, Basilikum, Tomatenmark, Salz und Pfeffer in einer Schüssel vermischen. Diese Salsa auf den Schnitzeln verteilen und einrollen. Mit einem Zahnstocher fixieren und mit Olivenöl einpinseln. Auf dem vorgeheizten Grill bei **220° Celsius** für **8 bis 10 Minuten** rundherum grillen.

Putenschnitzel a la Saltimbocca

Zutaten für zwei Personen

4 Putenschnitzel à 100 Gramm
Salz
Pfeffer
etwas Zitronenabrieb
4 Blätter Salbei
4 Scheiben Parmaschinken
1 EL Olivenöl

Zubereitung

Die Putenschnitzel sollten etwa 1 cm dick sein. Die Schnitzel mit Salz, Pfeffer und Zitronenabrieb beidseitig würzen. Mit den Salbeiblättern belegen und mit dem Parmaschinken umwickeln. Mit dem Olivenöl einpinseln und auf dem **200° Celsius** heißen Gasgrill für **2 Minuten** je Seite grillen. Für **2 Minuten** ruhen lassen, anrichten und eventuell mit etwas Olivenöl beträufeln.

Putenrolle mit Nordsee-Krabben

Zutaten für zwei Personen

2 Putenschnitzel à 180 Gramm
Salz
Pfeffer
1 EL Ajvar
100 Gramm Nordseekrabben
2 EL Schnittlauchringe
1 EL Sesamöl

Zubereitung

Die Putenschnitzel dünn klopfen und mit Salz und Pfeffer würzen. Die Nordseekrabben grob hacken. Den Ajvar mit den Nordseekrabben und dem Schnittlauch vermischen, auf den Schnitzeln verstreichen und einrollen, mit einem Zahnstocher fixieren und mit Sesamöl einpinseln. Die Putenrollen bei **220° Celsius** auf dem Grill rundherum scharf anbraten und bei indirekter Hitze für weitere **15 Minuten** fertig grillen.

Entenhaxerl Bauern Art

Zutaten für zwei Personen

3 Entenkeulen
1 Zwiebel
100 Gramm Speck
1 rote Paprika
Salz
Pfeffer
1/2 TL Majoran
1/2 TL Rosmarin
1 EL Rapsöl
1 TL Apfelessig

Zubereitung

Die Entenkeulen vom Knochen ablösen und in Streifen schneiden. Die Zwiebel schälen und in Streifen schneiden. Den Speck in Streifen schneiden. Die Paprika der Länge nach halbieren, entkernen und ebenfalls in Streifen schneiden. Alle Zutaten in eine Schüssel geben und vermischen. Für **10 Minuten** durchziehen lassen. Die Grillplatte auf **220° Celsius** vorheizen und alles darauf verteilen. Für etwa **8 bis 10 Minuten** grillen. Dabei die Zutaten immer wieder mit einer Grillspachtel durchmischen und wenden. Mit Salz und Pfeffer abschmecken. Falls keine Grillplatte vorhanden ist, die Zutaten in eine Alu-Schale geben.

Knusprige Entenbrust Asia Style

Zutaten für zwei Personen

2 Entenbrüste
2 EL Sojasauce
1 TL 5 Spice Gewürzmischung
1 TL Honig
1 EL Reisessig
1/2 TL Koriander gemahlen
eine Messerspitze Anispulver
2 Frühlingszwiebel

Zubereitung

Die Entenbrüste waschen und trocken tupfen. Die Haut und das Fett mit einem scharfen Messer in Rauten einschneiden, ohne das Fleisch zu verletzen. Die Entenbrust mit der Hautseite nach unten auf den **220° Celsius** heißen Grill legen und die Haut für etwa **4 Minuten** grillen, bis sie leicht knusprig wird. Die Sojasauce mit der Gewürzmischung, Honig, Reisessig, Koriander und Anispulver in einer Schüssel zu einer Marinade verrühren. Das Fleisch kurz vom Grill nehmen und mit der Marinade einpinseln. Die Ente mit der Hautseite nach oben auf den Grill legen und für **4 Minuten** grillen, wenden, und die Hautseite für weitere **2 Minuten** grillen. Danach bei indirekter Hitze für **10 Minuten** fertig rosa braten. Die Frühlingszwiebel in Ringe schneiden und zum Anrichten die knusprige Ente damit bestreuen.

Puten Cordon Bleu Natur - Cordon Rouge

Zutaten für zwei Personen

2 Putenschnitzel à 200 Gramm
Salz
Pfeffer
4 dünne Scheiben Schinken
4 Scheiben Gouda
1 TL Thymian
1 EL Sonnenblumenöl

Zubereitung

Die Putenschnitzel dünn klopfen und mit Salz und Pfeffer würzen, mit Schinken und Gouda belegen, zusammenklappen und mit dem Sonnenblumenöl einpinseln. Die Cordon Rouge bei **220° Celsius** auf dem Gasgrill für **2 bis 3 Minuten** je Seite grillen.

Putenkeulen

Zutaten für zwei Personen

2 Putenkeulen
3 EL Whisky
3 EL Ketchup
2 EL Sojasauce
1 EL Balsamico Essig
1 TL Paprikapulver geräuchert
1/2 TL Knoblauchpulver
1/2 TL Zwiebelpulver
1 Messerspitze Kreuzkümmel gemahlen
Salz
Pfeffer
1 Messerspitze Cayennepfeffer

Zubereitung

Die Putenkeulen waschen und trocken tupfen. Die restlichen Zutaten in eine Schüssel geben und zu einer Marinade verrühren. Die Putenkeulen damit einpinseln und für **30 Minuten** durchziehen lassen. Den Grill auf **220° Celsius** vorheizen und auf beiden Seiten für **5 Minuten** grillen. Die Keulen bei indirekter Hitze für **70 Minuten** fertig garen.

Entenbrust gefüllt - Mexiko

Zutaten für zwei Personen

2 Entenbrüste
Salz
Pfeffer
1/2 TL Paprikapulver edelsüß
1/2 rote Zwiebel
1 Zehe Knoblauch
1/4 rote Paprika
1 Chili
2 EL Kidneybohnen
2 EL Mais
1 TL Oregano
1 EL Frischkäse

Zubereitung

Die Entenbrüste waschen, trocken tupfen und mit einem scharfen Messer die Haut einschneiden. Eine Tasche in die Brust schneiden. Beide Seiten mit Salz, Pfeffer und Paprikapulver würzen. Die Zwiebel und den Knoblauch schälen. Zwiebel, Knoblauch und Paprika in feine Würfel schneiden. Chili, Kidneybohnen und Mais grob hacken. Zwiebel mit Knoblauch, Paprika, Chili, Kidneybohnen, Mais, Oregano, Frischkäse, Salz und Pfeffer in einer Schüssel verrühren und in die Taschen der Entenbrust füllen. Mit einem Zahnstocher verschließen. Die Entenbrust mit der Hautseite nach unten zuerst auf den **220° Celsius** heißen Grill legen und für **8 Minuten** knusprig grillen. Die Ente wenden und für weitere **5 Minuten** grillen. Bei indirekter Hitze für weitere **10 Minuten** fertig garen.

Putenbrust Bayerische Art - Mit Weißwurst und Laugenbreze

Zutaten für zwei Personen

1 Putenbrust 600 Gramm
Salz
Pfeffer
1 TL süßer Senf
1 Weißwurst
2 Stück Laugengebäck vom Vortag
1 Ei
2 EL Sahne
1 EL Petersilie gehackt
1 TL Thymian

Zubereitung

Die Putenbrust so aufschneiden, dass es ein großes Stück wird. Man nennt dies Schmetterlingsschnitt. Etwas flach klopfen. Das Fleisch salzen, pfeffern und eine Seite mit Senf bestreichen. Die Weißwurst schälen und in kleine Stück schneiden. Das Laugengebäck grob raspeln. Die Weißwurst mit dem Laugengebäck, dem Ei, Sahne und Petersilie in eine Schüssel geben und vermischen. Für **10 Minuten** durchziehen lassen und auf der Putenbrust verteilen. Die Pute einrollen und mit einem Bindfaden fixieren. Das Fleisch außen mit Thymian würzen. Die Pute bei **200° Celsius** rundherum goldbraun anbraten und bei indirekter Hitze für weitere **60 Minuten** fertig garen. Den Bindfaden entfernen und das Fleisch zum Anrichten in 2 cm dicke Scheiben schneiden.

Hühnerbrust mit Kartoffelhülle

Zutaten für zwei Personen

2 Hühnerbrüste ohne Haut
Salz
Pfeffer
Majoran
2 Kartoffeln
Muskatnuss gemahlen

Zubereitung

Die Hühnerbrüste waschen und trocken tupfen. Kräftig mit Salz, Pfeffer und Majoran würzen. Die Kartoffeln waschen, schälen und mit einem Spiralschneider zu Kartoffelspaghetti schneiden. Die Brüste damit umwickeln. Den Grill auf **180° Celsius** vorheizen und die Hühnerbrüste für **5 Minuten** je Seite grillen, bis die Kartoffeln goldbraun sind. Für **15 Minuten** bei indirekter Hitze fertig garen. Mit etwas Salz und Muskatnuss kurz vor dem Anrichten abschmecken.

Hühnerleber mit Schmorzwiebel

Zutaten für zwei Personen

300 Gramm Hühnerleber
Salz
Pfeffer
2 EL Maismehl
2 EL Olivenöl
1 TL Rosmarin fein gehackt
300 Gramm Zwiebel
1 TL braunen Zucker
50 ml Balsamico Essig
50 ml Portwein
1 TL Thymian

Zubereitung

Die Hühnerleber waschen und trocken tupfen. Mit Salz, Pfeffer und Rosmarin würzen und im Maismehl wälzen. Die Hühnerleber auf einer **200° Celsius** heißen Grillplatte mit 1 EL Olivenöl grillen. Für etwa **3 bis 4 Minuten** gut anrösten. Die Zwiebel schälen, halbieren und in 5 mm dicke Streifen schneiden. Eine Pfanne mit dem restlichen Olivenöl erhitzen und die Zwiebel mit dem Zucker darin goldbraun anbraten. Mit Balsamico Essig und Portwein ablöschen. Für **5 Minuten** kochen lassen. Mit Salz, Pfeffer und Thymian würzen und abschmecken. Die Zwiebel auf dem Teller anrichten und die Hühnerleber darauflegen. Falls keine Grillplatte vorhanden ist, die Leber in eine Alu-Grillschale geben.

Ganze Wachtel

Zutaten für zwei Personen

2 Wachteln küchenfertig
Salz und Pfeffer
14 Scheiben Speck

Zubereitung

Die Wachteln mit Salz und Pfeffer innen und außen gut würzen. Die Wachteln mit dem Speck umwickeln. Auf einen Hähnchenbrater oder eine Dose stecken. Bei **200° Celsius** und indirekter Hitze für **50 Minuten** grillen. Zum Anrichten am besten halbieren und genießen.

Hühnerherzen in Orangen-Marinade

Zutaten für zwei Personen

300 Gramm Hühnerherzen
4 EL Sojasauce
2 EL Sesamöl
3 EL Orangensaft
1/2 TL Orangenabrieb
1 EL Ahornsirup
1 TL Rosmarin fein gehackt
1/2 TL Chilipulver
30 ml Orangenlikör
2 EL Petersilie gehackt

Zubereitung

Die Hühnerherzen waschen und trocken tupfen. Die Sojasauce mit Sesamöl, Orangensaft, Orangenabrieb, Ahornsirup, Rosmarin und Chilipulver in eine Schüssel geben und verrühren. Die Hühnerherzen darin für **20 Minuten** marinieren. Auf der **200° Celsius heißen** Grillplatte für **4 Minuten** grillen, dabei mehrfach wenden. Mit dem Orangenlikör flambieren. Zum Anrichten mit Petersilie bestreuen. Falls keine Grillplatte vorhanden ist, die Herzen in eine Alu-Grillschale geben oder eine Pfanne auf den Gasgrill stellen.

Fasan im Ganzen gegrillt

Zutaten für zwei Personen

1 Fasan ca. 1 kg
80 Gramm kalte Butter
Salz
Pfeffer
1 Apfel
1/2 TL Beifuß
1 kleine Zimtstange
Saft einer Orange

Zubereitung

Bei dem Fasan die Haut an der Brustseite ablösen und die in Scheiben geschnittene Butter zwischen Brust und Haut schieben. Den Fasan innen und außen mit Salz und Pfeffer würzen. Den Apfel in grobe Stücke schneiden. Zusammen mit dem Beifuß und der Zimtstange in den Fasan schieben. Auf einen Drehspieß oder eine Dose stecken und gut fixieren. Den Fasan bei **180° Celsius** für **60 Minuten** grillen und dabei ab und zu mit dem Orangensaft einpinseln. Falls der Gasgrill keinen Drehspieß besitzt, die Dose öfter drehen.

Rindfleisch vom Gasgrill

Rindfleisch gehört zur Spitzenklasse auf dem Gasgrill. Was gibt es besseres, als ein saftiges Steak? Wir haben hier zahlreiche Alternativen zu Steak und Co und viele neue Gerichte rund um das beliebte Rindfleisch vorbereitet.

Simples Steak

Zutaten für zwei Personen

2 Rindersteaks à 200 Gramm
grobes Meersalz
bunter Steakpfeffer
etwas Olivenöl

Zubereitung

Die Steaks etwa **30 Minuten** vor Grillbeginn aus dem Kühlschrank nehmen. Den Grill auf **250° Celsius** vorheizen und auf jeder Seite **2 Minuten** grillen. Für **5 Minuten** bei indirekter Hitze für **5 Minuten** fertig garen. Erst nach dem Grillen mit dem Meersalz und Steakpfeffer würzen und mit etwas Olivenöl leicht beträufeln.

Chateau Briand

Zutaten für zwei Personen

1 Rinderfilet aus dem
Mittelstück etwa 500 Gramm
1 EL Olivenöl
Chilisalz
1 Zweig Rosmarin
1 Zweig Thymian
2 EL Mayonnaise
2 EL Schmand
Salz
Pfeffer
1 EL Kerbel gehackt
1 gekochtes Ei

Zubereitung

Das Rinderfilet zeitig genug aus dem Kühlschrank nehmen, so dass das Rinderfilet zu Grillbeginn Zimmertemperatur hat. Mit dem Olivenöl einpinseln und auf dem **200° Celsius** heißen Grill rundherum anbraten. Das Filet mit dem Chilisalz würzen und zusammen mit Rosmarin und Thymian in Alufolie wickeln. Bei indirekter Hitze und etwa **120° Celsius** für **30 Minuten** garen. Die Mayonnaise mit dem Schmand, Salz, Pfeffer, Kerbel und mit dem gehackten Ei in einer Schüssel verrühren und als Dip reichen. Das Chateauxbriand zum Anrichten in 1 cm dicke Scheiben schneiden.

Hüftsteak Farmer Art

Zutaten für zwei Personen

2 Hüftsteaks
Salz
Pfeffer
8 kleine Schalotten
2 Zehen Knoblauch
100 Gramm Bauchspeck
1 TL Butter
1 TL Majoran
100 ml Gemüsebrühe
2 EL Petersilie gehackt

Zubereitung

Die Hüftsteaks auf beiden Seiten mit Salz und Pfeffer würzen. Den Grill auf **200° Celsius** vorheizen und die Steaks für etwa **2 Minuten** je Seite grillen und kurz warm stellen. Schalotten und Knoblauch schälen. Die Schalotten vierteln, Knoblauch in Scheiben schneiden, den Speck in Streifen schneiden. Die Butter in einer Pfanne erhitzen und die Schalotten, Knoblauch und den Speck darin anbraten. Mit Salz, Pfeffer und Majoran würzen. Mit der Gemüsebrühe aufgießen. für **3 Minuten** köcheln lassen, Petersilie dazu geben. Zum Anrichten die Steaks mit der Sauce übergießen.

Filetspieß mit Feigen

Zutaten für zwei Personen

300 Gramm Rinderfilet
3 Feigen
Salz
Pfeffer aus der Mühle
2 TL Rosmarinöl
20 Gramm Feta

Zubereitung

Das Rinderfilet in 3 cm große Würfel schneiden. Die Feigen vierteln und mit den Filetwürfeln abwechselnd auf Spieße stecken, mit Salz würzen. Die Spieße bei **220° Celsius** für **2 bis 3 Minuten** je Seite grillen. Zum Anrichten mit dem Rosmarinöl beträufeln und den Feta darüberbröseln.

Gegrillte Beiriedschnitte

Zutaten für zwei Personen

2 Scheiben Beiried à 180 Gramm
1 TL Olivenöl
Salz und Pfeffer
etwas Orangenabrieb

Zubereitung

Beiried mit dem Olivenöl einpinseln und salzen. Bei **220° Celsius** für **90 Sekunden** je Seite grillen. Vom Grill nehmen und für **2 Minuten** in Alufolie wickeln. Zum Anrichten pfeffern und mit dem Orangenabrieb verfeinern.

Zwiebelrostbraten

Zutaten für zwei Personen

2 Rostbraten à 200 Gramm
1 TL mittelscharfer Senf
Salz
Pfeffer
300 Gramm Zwiebel
1 EL Rapsöl
1 EL Apfelessig
200 ml Rinderbrühe
1 EL kalte Butter
2 EL Mehl
1 TL Paprikapulver
Öl zum Frittieren

Zubereitung

Die Zwiebel schälen. 100 Gramm davon in Ringe schneiden und den Rest in Streifen schneiden. Das Öl in einem Topf auf dem Grill auf **170° Celsius** erhitzen. Das Mehl mit dem Paprikapulver in eine Schüssel geben und vermischen. Die Zwiebelringe darin wenden und im Öl goldbraun frittieren. Aus dem Öl fischen und auf einen mit Küchenpapier ausgelegten Teller geben. Das Rapsöl in einer Pfanne auf dem Grill erhitzen und die restlichen Zwiebeln darin anbraten. Mit dem Apfelessig ablöschen und mit der Rinderbrühe aufgießen. Die Pfanne vom Herd nehmen und die Butter einrühren, um die Sauce zu binden. Die Rostbraten mit Salz und Pfeffer würzen und eine Seite mit Senf einstreichen. Mit der Senfseite zuerst auf den **220° Celsius** heißen Grill legen und für **2 Minuten** je Seite grillen. Zum Anrichten den Rostbraten mit der Zwiebelsauce bedecken und mit den Röstzwiebeln garnieren.

Ochsenbrust

Zutaten für zwei Personen

800 Gramm Ochsenbrust
3 TL Salz
3 TL Pfeffer
1/2 TL Knoblauchpulver
1/2 TL Zwiebelpulver
1 TL Rohrzucker
1/2 TL Senfpulver
1/2 TL Paprikapulver scharf

Zubereitung

Die Ochsenbrust waschen und trocken tupfen. Die restlichen Zutaten zu einer Marinade vermischen und die Ochsenbrust damit einreiben. Für mindestens zwei Stunden marinieren lassen. Den Grill auf **150° Celsius** vorheizen und die Brust bei indirekter Hitze und geschlossenem Deckel für **2 Stunden** garen.

Rinder-Roulade

Zutaten für zwei Personen

2 Stück Rostbraten à 180 Gramm
Salz
Pfeffer
2 Scheiben Parmaschinken
1 TL Senf
1 EL Ketchup
2 Gewürzgurken
1 rote Zwiebel
4 getrocknete Tomaten
1/2 TL Oregano gehackt

Zubereitung

Das Rostbraten-Fleisch sehr dünn klopfen und mit Salz und Pfeffer würzen. Mit dem Parmaschinken belegen. Den Senf mit dem Ketchup in eine Schüssel geben und verrühren. Die Gewürzgurken, die geschälte Zwiebel und Tomaten in feine Streifen schneiden. Mit dem Oregano in die Schüssel geben und vermischen. Auf dem Parmaschinken verteilen und den Rostbraten einrollen. Mit einem Zahnstocher fixieren. Den Grill auf **200° Celsius** vorheizen und die Rouladen für **8 Minuten** rundherum anbraten. Bei indirekter Hitze für weitere **10 Minuten** fertig garen.

Steak-Türmchen mit Käse überbacken

Zutaten für zwei Personen

300 Gramm Rinderfilet
1/2 Aubergine
1 große Tomate
1 EL Olivenöl
Salz und Pfeffer
1 TL italienische Kräuter
2 EL Emmentaler gerieben

Zubereitung

Das Rinderfilet in 4 gleich dicke Scheiben schneiden. Aubergine und Tomate in 1 cm dicke Scheiben schneiden. Rinderfilet, Auberginen- und Tomatenscheiben salzen und pfeffern. Die Aubergine mit dem Olivenöl einpinseln. Den Grill auf **220° Celsius** vorheizen. Alles für **1 Minute** je Seite grillen. Abwechselnd in eine Alu-Grillschale schichten und mit dem Emmentaler abschließen. Den Grilldeckel verschließen und für **4 bis 5 Minuten** überbacken.

Spieß nach Puszta Art

Zutaten für zwei Personen

360 Gramm Rindersteak
1/2 rote Paprika
1/2 gelbe Paprika
6 kleine Schalotten
4 Scheiben Speck
2 Zehen Knoblauch
2 EL Olivenöl
Salz
Pfeffer
1 TL Paprikapulver scharf

Zubereitung

Das Rindersteak und die Paprika in 3 cm große Stücke schneiden. Die Schalotten schälen. Den Speck in 3 cm Stücke schneiden, alles abwechselnd auf 2 große Spieße stecken. Den Knoblauch schälen, fein hacken und mit dem Olivenöl verrühren. Die Spieße mit dem Knoblauchöl einpinseln. Mit Salz, Pfeffer und Paprikapulver würzen. Die Spieße bei **220° Celsius** für **eine Minuten** auf allen 4 Seiten grillen.

Steak mit Spinat gefüllt

Zutaten für zwei Personen

1 Schalotte
2 Zehen Knoblauch
1 EL Pinienkerne
1 EL Butter
100 Gramm Spinat
Salz
Pfeffer
Muskatnuss gemahlen
2 Rindersteaks a 200 Gramm

Zubereitung

Die Schalotte und den Knoblauch schälen und fein hacken. Die Butter in einer Pfanne am Gasgrill erhitzen und die Schalotte mit dem Knoblauch und den Pinienkerne darin hell anschwitzen, den Spinat dazu geben und mit Salz, Pfeffer und Muskatnuss würzen. Die Rindersteaks mit einem Schmetterlingsschnitt aufschneiden und leicht klopfen, salzen und pfeffern. Die Steaks mit dem Spinat füllen und zusammenklappen. Alle offenen Seiten mit kleinen Spießchen fixieren. Bei **180° Celsius** für **2 Minuten** je Seite grillen und bei indirekter Hitze für **8 Minuten** fertig garen.

Surf and Turf deluxe

Zutaten für zwei Personen

2 Rinderfiletsteaks à 150 Gramm
6 Jakobsmuscheln
Salz
Pfeffer aus der Mühle
etwas Limettenabrieb
2 TL Caviaroli - Olivenöl
Kaviar
etwas Trüffelöl

Zubereitung

Die Rinderfilets und die Jakobsmuscheln salzen und pfeffern. Den Grill auf **220° Celsius** vorheizen, die Steaks für **90 Sekunden** je Seite grillen. Die Jakobsmuscheln für **1 Minute** je Seite grillen. Zum Anrichten die Jakobsmuscheln mit dem Limettenabrieb bestreuen und die Rindersteaks mit dem Caviaroli belegen. Zuletzt mit etwas Trüffelöl beträufeln.

Rib Eye Steak

Zutaten für zwei Personen

2 Rib Eye Steaks à 300 Gramm
Meersalz und Pfeffer

Zubereitung

Den Gasgrill auf **250° Celsius** vorheizen und die Rib Eye Steaks auf der Grillplatte für **2 Minuten** je Seite grillen. Bei indirekter Hitze für **10 Minuten** fertig garen. Nach dem Grillen erst mit Meersalz und Pfeffer würzen. Diese Steaks brauchen nicht mehr und schmecken am besten Natur pur, ehrlich und simpel.

Western-Burger mit Bacon

Zutaten für zwei Personen

300 Gramm Rinderhack
50 Gramm Speckwürfel
Salz
Pfeffer
2 Scheiben Gouda
6 Scheiben Bacon
2 Eier
2 EL Gurkenrelish
2 Burger Buns
2 TL Kräuterbutter
20 Gramm Eisbergsalat

Zubereitung

Das Rinderhack mit den Speckwürfeln, Salz und Pfeffer in eine Schüssel geben und gut verkneten. Mit feuchten Händen aus der Masse zwei Pattys formen. Die Laibchen auf der Grillplatte für **3 Minuten** je Seite grillen. Nach dem Wenden mit dem Gouda belegen und am Fleisch schmelzen lassen. Den Bacon auf die Grillplatte legen und knusprig braten. Die Eier auf der Grillplatte zu Spiegeleiern braten. Die Buns aufschneiden, mit der Kräuterbutter bestreichen und die Schnittflächen ebenfalls kurz angrillen. Den Eisbergsalat in Streifen schneiden und auf dem Bunboden verteilen. Die Pattys auf den Salat legen. Mit dem Gurkenrelish und dem Bacon belegen. Die Spiegeleier darauf geben und mit dem Bundeckel abschließen.

Faschierte Laibchen mit Käse und Crunch

Zutaten für zwei Personen

360 Gramm Rinder
Hackfleisch
100 Gramm Gouda gewürfelt
1 altbackenes Brötchen
50 ml warme Milch
1 Ei
1/2 Bund Petersilie gehackt
Salz und Pfeffer
Kümmel gemahlen
etwas Majoran gerebelt
1 Tasse Popcorn

Zubereitung

Das Brötchen würfeln und mit der warmen Milch übergießen. Kurz einweichen lassen. Danach alle Zutaten außer dem Popcorn zu einer feinen Masse verkneten. Für **10 Minuten** quellen lassen. Danach das Popcorn einarbeiten. Aus der Masse kleine Laibchen formen und am Grill bei **200° Celsius** für **4 Minuten** je Seite grillen.

Rumpsteak

Zutaten für zwei Personen

2 Rumpsteaks à 250 Gramm
1 EL Olivenöl
1 TL Salz
1 TL Pfeffer
1 TL Paprikapulver scharf

Zubereitung

Die Steaks etwa **30 Minuten** vor dem Grillen aus dem Kühlschrank nehmen. Olivenöl, Salz, Pfeffer und Paprikapulver zu einer Marinade verrühren und die Steaks damit einreiben. Für **10 Minuten** marinieren lassen. Bei **220° Celsius** für **2 Minuten** je Seite grillen und bei indirekter Hitze für **5 Minuten** fertig garen.

Gegrillte Palatschinken mit feinem Filet

Zutaten für zwei Personen

150 ml Milch
2 Eier
4 EL Mehl
1 EL Petersilie gehackt
2 EL Rapsöl
280 Gramm Rinderfilet Spitzen
1/2 rote Zwiebel
1/4 gelbe Paprika
1/4 rote Paprika
1/2 Stange Lauch
2 EL Frischkäse
4 EL Emmentaler gerieben
Salz
Pfeffer
1 TL Ras el Hanout

Zubereitung

Auf dem Grill eine Gusseisenpfanne erhitzen. Die Milch mit den Eiern, dem Mehl, der Petersilie und etwas Salz in eine Schüssel geben und mit einem Schneebesen zu einem glatten Teig verrühren. Etwas Rapsöl in der Pfanne erhitzen und 4 Palatschinken aus dem Teig machen. Das Rinderfilet in dünne Streifen schneiden. Die Zwiebel schälen und in Streifen schneiden. Die Paprika in Streifen schneiden. Den Lauch gut waschen und in Ringe schneiden. Das restliche Rapsöl in der Gusseisenpfanne stark erhitzen und das Rinderfilet mit Zwiebel, Paprika und Lauch darin scharf anbraten. Frischkäse dazu geben und mit Salz, Pfeffer und Ras el Hanout kräftig würzen. Die Palatschinken mit dem Emmentaler bestreuen und das Filet darauf verteilen. Die Palatschinken einrollen und bei **200° Celsius** auf der Grillplatte für **2 Minuten** je Seite knusprig grillen. Gegrillte Palatschinken können in allen Varianten am Gasgrill zubereitet werden. Mit Marmelade gefüllte, gegrillte Palatschinken sind ein wunderbares Dessert.

Kalbs-Kotelette

Zutaten für zwei Personen

2 Kalbskotelette à 300 Gramm
1 EL Olivenöl
1 EL Sambal Oelek
Salz und Pfeffer

Zubereitung

Das Olivenöl mit dem Sambal Oelek, Salz und Pfeffer in einem Schälchen zu einer Marinade verrühren. Das Kalbskotelette damit einpinseln. Den Grill auf **220° Celsius** vorheizen und das Kotelette für **2 Minuten** je Seite grillen. Mit der Marinade ein weiteres Mal auf beiden Seiten einpinseln und bei indirekter Hitze und geschlossenem Deckel für **8 Minuten** fertig garen.

Kalbsbackerl vom Grill

Zutaten für zwei Personen

4 Kalbbackerl
Salz und Pfeffer
1 TL Rosmarin
1 TL Thymian
1 EL Olivenöl
60 ml Rotwein
1 rote Zwiebel
2 Zehen Knoblauch
1 Tomate

Zubereitung

Die Kalbsbackerl salzen und pfeffer. Auf eine Alufolie oder ein Backpapier legen und mit Rosmarin und Thymian bestreuen. Die Zwiebel schälen und in dünne Spalten schneiden. Den Knoblauch schälen und in Scheiben schneiden. Die Tomate in 1 cm große Würfel schneiden. Die Zwiebel mit Knoblauch und Tomaten rund um die Kalbsbackerl legen. Mit Olivenöl und Rotwein übergießen. Die Alufolie verschließen und in eine Grilltasse legen. Bei **180° Celsius** und indirekter Hitze für **90 Minuten** garen.

Kalbsleber mit Apfel am Spieß

Zutaten für zwei Personen

300 Gramm Kalbsleber
6 kleine Schalotten
1 großer Apfel
Salz und Pfeffer
Thymian
1 EL Olivenöl

Zubereitung

Die Kalbsleber in 3 cm große Stücke schneiden. Die Schalotten schälen. Den Apfel entkernen und in Spalten schneiden. Die Kalbsleber mit den Schalotten und den Apfelspalten abwechselnd auf 2 Spieße stecken. Mit Salz, Pfeffer und Thymian würzen. Mit dem Olivenöl einpinseln. Bei **220° Celsius** für **eine Minute** auf allen vier Seiten grillen.

Kalbsbries

Zutaten für zwei Personen

300 Gramm Kalbsbries (vom Metzger küchenfertig vorbereitet)
1 rote Zwiebel
1 feste Mango
1 EL Kokosöl
60 ml Portwein
Salz und Pfeffer
1 TL Oregano
1 Frühlingszwiebel

Zubereitung

Einen Topf mit einem Liter Wasser erhitzen und mit 3 TL Salz kräftig würzen. Kalbsbries waschen und im ca. **80° Celsius** heißen Salzwasser für **15 Minuten** vorkochen. Aus dem Topf nehmen und auskühlen lassen. Kalbsbries in mundgerechte Stücke schneiden. Die Zwiebel schälen und in Streifen schneiden. Die Mango schälen, vom Kern befreien und in 2 cm große Stücke schneiden. Das Kokosöl auf der Grillplatte erhitzen und das Kalbsbries mit der Zwiebel und der Mango für etwa **6 Minuten** grillen. Mit dem Portwein ablöschen. Mit Salz, Pfeffer und dem Oregano würzen und abschmecken. Die Frühlingszwiebel in 1 cm große Stücke schneiden und das Fleisch zum Anrichten damit bestreuen.

Gegrillter Kalbsnacken

Zutaten für zwei Personen

2 Kalbsnackensteaks à 200 Gramm
1 EL Sonnenblumenöl
1 TL Senf
1 TL Estragon getrocknet
Salz und Pfeffer

Zubereitung

Den Kalbsnacken waschen und trocken tupfen. Das Sonnenblumenöl mit Senf und Estragon in einer Schale verrühren und das Fleisch damit einpinseln. Für **15 Minuten** marinieren lassen. Mit Salz und Pfeffer würzen. Die Nackensteaks bei **200° Celsius** für **2 Minuten** je Seite grillen und für **15 Minuten** bei indirekter Hitze fertig garen.

Kalbs-Filet mit Bärlauch

Zutaten für zwei Personen

400 Gramm Kalbsfilet
Salz und Pfeffer
2 EL flüssige braune Butter
30 Gramm Bärlauch

Zubereitung

Das Kalbsfilet salzen und pfeffern. Bei **180° Celsius** am Gasgrill rundherum anbraten und bei indirekter Hitze bei **120° Celsius** für weitere **25 Minuten** fertig garen. Das Filet mit der braunen Butter einpinseln. Den Bärlauch fein hacken und das Filet darin wälzen. So erhält das Filet einen schönen Mantel. Anstatt Bärlauch können natürlich auch sämtliche andere frischen Kräuter verwendet werden.

Gefüllte Kalbsbrust

Zutaten für zwei Personen

1 kg Kalbsbrust ohne Knochen
120 Gramm Toastbrot
2 EL Sauerrahm
2 Eier
100 Gramm Erbsen
2 EL Petersilie
Salz und Pfeffer
Muskatnuss
1 TL Thymian

Zubereitung

In die Kalbsbrust eine tiefe Tasche schneiden. Das Toastbrot in 2 cm große Würfel schneiden und mit Sauerrahm, Eiern, Erbsen, Petersilie, Salz, Pfeffer und Muskatnuss in eine Schüssel geben. Gut durchmischen und für **10 Minuten** stehen lassen. Die Knödelmasse in die Kalbstasche füllen. Mit einem Spieß verschließen. Die Kalbsbrust mit Salz, Pfeffer und Thymian würzen. Die Brust bei **180° Celsius** und indirekter Hitze bei geschlossenem Deckel für **90 bis 100 Minuten** grillen.

Gegrillte Kalbs-Haxe

Zutaten für zwei Personen

1 vordere Kalbshaxe
2 EL Olivenöl
1 TL Senf
Saft und Abrieb einer halben Zitrone
1/2 TL Rohrzucker
Salz
Pfeffer
1/2 TL Kreuzkümmel gemahlen
1 TL Rosmarin fein gehackt

Zubereitung

Die Kalbshaxe waschen und trocken tupfen. Die restlichen Zutaten zu einer Marinade verrühren und die Kalbshaxe damit einreiben. Für mindestens eine Stunde, gerne aber auch über Nacht marinieren lassen. Den Grill auf **170° Celsius** vorheizen und die Haxe bei indirekter Hitze und geschlossenem Deckel für **2 Stunden** garen.

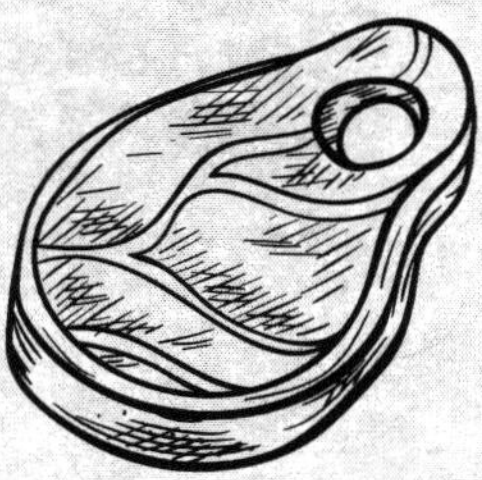

Gegrilltes vom Schwein

Schweinefleisch ist auch sehr traditionell, wenn es ums Grillen geht. Schweinefleisch ist facettenreich und präsentiert sich mit vielen Gesichtern. Schweinefleisch vom Gasgrill kann edel und elegant, aber auch deftig, rustikal und typisch Hausmannskost sein. Absolut im Trend liegen die aromatischen Burger aus Schweinefleisch. Hier haben wir mit zahlreichen Rezepten aus unterschiedlichen Ländern so richtig für Abwechslung gesorgt.

Schweine-Kotelett

Zutaten für zwei Personen

2 Koteletts à 250 Gramm mit Knochen
2 TL Tomatenmark
Paprikapulver edelsüß
Cayennepfeffer
3 Zehen Knoblauch gepresst
Worcester Sauce
1 EL Senf
Meersalz

Zubereitung

Aus allen Zutaten außer dem Fleisch eine schöne Marinade rühren. Die Koteletts damit auf beiden Seiten einstreichen und für mindestens eine Stunde, am besten aber über Nacht, marinieren lassen. Bei **230° Celsius** am Grill für **zwei Minuten** pro Seite anbraten. Die Hitze auf **140° Celsius** reduzieren und das Kotelett für etwa **10 Minuten** bei indirekter Hitze fertig garen. Hier wäre ein Kerntemperaturfühler optimal. Das Kotelett ist perfekt, wenn eine Kerntemperatur von **75° Celsius** erreicht ist.

Schweinefilet im Ganzen gegrillt

Zutaten für zwei Personen

1 Schweinefilet mit 400 Gramm
2 EL Senf
Sojasauce
Salz und Pfeffer
bunter Steakpfeffer aus der Mühle
4 EL frische Kräuter gehackt

Zubereitung

Das Schweinefilet mit Senf und Sojasauce rundherum bestreichen, salzen und pfeffern und auf dem Gasgrill bei **230° Celsius** rundherum angrillen. Bei indirekter Hitze und bei **150° Celsius** für **12 bis 15 Minuten** fertig grillen. Den bunten Steakpfeffer und die Kräuter vermengen und das fertig gegrillte Fleisch darin wälzen. So erhält es einen wunderschönen und aromatischen Mantel.

Schweine-Medaillons

Zutaten für zwei Personen

4 Medaillons à 60 Gramm
Curryketchup
Curry gelb
Meersalz

Zubereitung

Die Medaillons mit Curryketchup bestreichen und mit Curry würzen. Am Gasgrill bei **200° Celsius** für **2 Minuten** pro Seite anbraten. Bei indirekter Hitze und **120° Celsius** für **6 Minuten** fertig grillen. Natürlich sollte jeder selbst dosieren, ob er sein Fleisch medium oder durch möchte. In letzter Zeit geht der Trend dahin, das Fleisch immer weniger durch zu braten, da es so besonders saftig bleibt.

Filetspieß mit Früchten

Zutaten für zwei Personen

1 Schweinefilet mit 250 Gramm
10 Weintrauben kernlos
1 Feige
1/4 Apfel
1/2 Pfirsich
2 Chilis
Salz und Pfeffer
Sambal Oelek
Olivenöl

Zubereitung

Das Fleisch in 1 cm dicke Scheiben schneiden, die Feige vierteln, die Pfirsichhälfte halbieren und den Apfel in Stücke schneiden. Aus dem Sambal Oelek eine Marinade rühren und Fleisch und Obst damit marinieren. Abwechselnd auf Spieße auffädeln. Die Chili sollte sich irgendwo in der Mitte befinden. Bei **230° Celsius** auf allen Seiten für **eine Minute** angrillen und bei **180° Celsius** für weitere **5 Minuten** fertig grillen.

Filetspieß rustikal

Zutaten für zwei Personen

1 Schweinefilet mit 250 Gramm
1 Zwiebel
4 Zehen Knoblauch
2 Scheiben Rauchfleisch
4 Scheiben Salami à 0,4 cm dick
Kümmel gemahlen
schwarzer Pfeffer
Räuchersalz

Zubereitung

Das Fleisch in 1,5 cm dicke Stücke schneiden und mit Kümmel, Räuchersalz und schwarzem Pfeffer würzen. Die Zwiebel in Stücke schneiden, den Knoblauch halbieren und das Rauchfleisch in Quadrate schneiden. Das Fleisch abwechselnd mit Zwiebel, Knoblauch, Rauchfleisch und Salami auf Spieße fädeln. Bei **220° Celsius** für **4 Minuten** je Seite schön dunkel grillen.

Gegrillter Schweinenacken

Zutaten für zwei Personen

2 Schweinenacken à 200 Gramm
2 TL Senf
2 TL Knoblauchsauce
2 TL Tamarindensauce
2 TL Sojasauce
Salz und Pfeffer
Kümmel gemahlen

Zubereitung

Aus allen Zutaten außer dem Fleisch eine Marinade rühren und das Fleisch beidseitig damit einstreichen. Am besten über Nacht marinieren lassen. Bei **220° Celsius** für **drei Minuten** pro Seite bei geschlossenem Deckel knusprig grillen.

Filet Wellington vom Schwein

Zutaten für zwei Personen

1 Schweinefilet mit 250 Gramm
2 EL Senf
Salz und Pfeffer
1 Zwiebel
120 Gramm Champignons
2 EL Kräuter gehackt
40 Gramm Blattspinat gehackt
1 Blätterteig TK oder frisch
Pflanzenöl
1 Ei

Zubereitung

Das Fleisch mit Senf bestreichen, salzen und pfeffern und für je eine Minute pro Seite bei **200° Celsius** anbraten. Die Zwiebel und die Champignons sehr fein hacken und in einem Topf am Gasgrill im Pflanzenöl leicht anschwitzen. Die Kräuter und den Blattspinat hinzugeben und kräftig mit Salz und Pfeffer würzen. Leicht abkühlen lassen und auf dem Blätterteig verteilen. Das Filet darauf legen und den Blätterteig zu einer Rolle eindrehen und verschließen. Das Ei verquirlen und den Blätterteig damit einstreichen. Bei indirekter Hitze und geschlossenem Deckel und **180° Celsius** für **20 Minuten** grillen.

Pork Burger Asia Style

Zutaten für zwei Personen

400 Gramm Schweine Hackfleisch
3 EL Semmelbrösel
2 Chilis gehackt
1 cm Ingwer gerieben
2 Zehen Knoblauch gepresst
1 EL Currypaste rot
Sojasauce
1 Ei

Zubereitung

1 EL Semmelbrösel zur Seite geben und alle Zutaten gut miteinander verkneten. Für **15 Minuten** quellen lassen. Aus der Masse vier Burger formen. Diese in den restlichen Semmelbröseln wenden. Bei **200° Celsius** für **4 bis 5 Minuten** pro Seite grillen. Als Burger im Brötchen oder als Pattie mit Beilage anrichten. Als Asia Burger serviert passt in das Brötchen eine Scheibe gegrillte Ananas ganz hervorragend.

Pork Burger à la Mexiko

Zutaten für zwei Personen

400 Gramm Schweine-Hackfleisch
1/2 Dose rote Bohnen
1/2 Dose Mais
1/2 Paprika rot
1 Jalapeno grün
1/2 Bund Koriander gehackt
2 EL Haferflocken
Salz und Pfeffer
1 Ei

Zubereitung

Mais und Bohnen mit einer Gabel leicht zerdrücken und Paprika und Jalapeno fein würfeln. Alle Zutaten in eine Schüssel geben und gut vermengen. Aus der Masse vier Burger formen. Bei **200° Celsius** für **4 bis 5 Minuten** pro Seite grillen. Als Burger im Brötchen mit scharfer Salsa oder als Pattie mit Beilage wie Maiskolben anrichten.

Pork Burger Indische Art

Zutaten für zwei Personen

400 Gramm Schweine-Hackfleisch
1/2 Dose Kichererbsen
1 EL Maisstärke
1 Scheibe Ananas fein gewürfelt
Curry gelb
Garam Masala
1/2 Bund Basilikum gehackt
Himalayasalz
1 Ei

Zubereitung

Die Kichererbsen mit einer Gabel leicht zerdrücken und mit den restlichen Zutaten vermengen. Gut mit den Gewürzen abschmecken. Aus der Masse vier Burger formen. Bei **200° Celsius** für **4 bis 5 Minuten** pro Seite grillen. Diese Burger werden am besten mit einem tollen Pfannenbrot und einer Raita Sauce serviert.

Pork Burger Orientalisch

Zutaten für zwei Personen

400 Gramm Schweine-Hackfleisch
Ras-el Hanout
4 EL Couscous gekocht
2 Feigen fein gehackt
Kümmel gemahlen
2 Zehen Knoblauch gepresst
2 Schalotten fein gewürfelt
80 Gramm Feta klein zerbröselt
2 TL Tahini
1 EL Sesam schwarz
1 EL Sesam hell
1 Ei

Zubereitung

Alle Zutaten in einer Schüssel gut vermengen und kräftig würzen. Aus der Masse vier Burger formen. Bei **200° Celsius** für **4 bis 5 Minuten** pro Seite grillen. Serviert werden diese Burger in einem Pita Brot mit viel Zwiebel, Weißkraut und Knoblauchsauce.

USA Burger

Zutaten für zwei Personen

400 Gramm Schweine-Hackfleisch
60 Gramm Speckwürfel
1 TL flüssiger Rauch
1 EL Hefeflocken
2 EL Hickory BBQ Sauce
50 Gramm Cheddar gewürfelt
Salz und Pfeffer
1 Ei
2 EL Haferflocken zart

Zubereitung

Alle Zutaten in einer Schüssel gut verkneten und kräftig abschmecken. Die Masse für **15 Minuten** quellen lassen. Aus der Masse vier Burger formen. Bei **200° Celsius** für **4 bis 5 Minuten** pro Seite grillen. Dieser Burger gehört natürlich traditionell in ein Brötchen und sollte klassisch mit Senf, Ketchup, Salat und einer Gewürzgurke angerichtet werden.

Knuspriger Schweinebauch

Zutaten für zwei Personen

2 Schweinebauch gut durchzogen mit Schwarte à 220 Gramm
Kümmel gemahlen
Knoblauchpulver
Zwiebelpulver
Olivenöl
Salz und Pfeffer
Kümmel ganz
2 TL Ahornsirup
2 TL Zitronensaft
2 TL Essig

Zubereitung

Die Schwarte des Fleisches mit einem scharfen Messer in kleine Rauten einritzen. Aus den restlichen Zutaten eine Marinade rühren und das Fleisch darin am besten über Nacht durchziehen lassen. Bei **220° Celsius** für **5 Minuten** pro Seite grillen. Die Schwarte soll schön knusprig sein. Dafür gerne den Schweinebauch kurz aufstellen und die Schwarte direkt für eine Minute grillen.

Rippchen Cajun Style

Zutaten für zwei Personen

800 Gramm Schweinerippchen
schwarze Pfefferkörner
weiße Pfefferkörner
Kreuzkümmel
Thymian
Oregano
2 Zehen Knoblauch
Zwiebelpulver
Paprikapulver edelsüß
Cayennepfeffer
2 EL Honig
50 ml Ananasssaft
Zimt
Nelkenpulver
Piment
Senfkörner
1 Muskatblüte
Olivenöl
100 ml Cola

Zubereitung

Alle Zutaten außer dem Fleisch in einen Mörser, eine Gewürzmühle oder die Küchenmaschine geben und zu einer aromatischen, kräftigen Marinade mixen. Cola erst zuletzt einrühren. Die Rippchen am besten über Nacht in der Marinade durchziehen lassen. Eine Stunde vor Grillbeginn aus dem Kühlschrank nehmen. Die Rippchen sollten bei Zimmertemperatur auf den Gasgrill kommen. Bei **200° Celsius** für **30 Minuten** grillen. Zwischendurch immer wieder wenden. Falls noch Marinade übrig ist, die Rippchen während des Grillens damit bestreichen.

Rippchen Orient

Zutaten für zwei Personen

1 kg Schweinerippchen
2 EL Erdnussbutter
2 TL Tahini
Ras-el Hanout
4 Zehen Knoblauch
Zwiebelpulver
1 Chili
Kümmel gemahlen
Meersalz
200 ml Granatapfelsaft

Zubereitung

Alle Zutaten außer den Rippchen im Mörser, der Küchenmaschine oder mit dem Stabmixer zu einer Marinade pürieren. Die Rippchen in dieser Marinade am besten über Nacht durchziehen lassen. Die Rippchen eine Stunde vor Grillbeginn aus dem Kühlschrank nehmen. Die Rippchen sollten bei Zimmertemperatur auf den Gasgrill kommen. Bei **200° Celsius** für **30 Minuten** grillen. Zwischendurch immer wieder wenden. Falls noch Marinade übrig ist, die Rippchen während des Grillens damit bestreichen.

Rippchen Vietnam Style

Zutaten für zwei Personen

1 kg Schweinerippchen
2 Stangen Zitronengras sehr jung
4 Limettenblätter
2 cm Ingwer
Zitronensaft
Mirin oder Reisessig
Fischsauce
Sojasauce hell und dunkel
2 Chilis
2 EL Tamarindensauce
200 ml Pflaumensaft

Zubereitung

Alle Zutaten außer den Rippchen im Mixer oder mit dem Pürierstab zu einer Marinade mixen. Die Rippchen in dieser Marinade am besten über Nacht durchziehen lassen. Die Rippchen eine Stunde vor Grillbeginn aus dem Kühlschrank nehmen. Die Rippchen sollten bei Zimmertemperatur auf den Gasgrill kommen. Bei **200° Celsius** für **30 Minuten** grillen. Zwischendurch immer wieder wenden. Falls noch Marinade übrig ist, die Rippchen während des Grillens damit bestreichen.

Gefüllter Schweinebauch Asia Style

Zutaten für zwei Personen

1 kg Schweinebauch
200 Gramm Milchbrötchen
5 EL Panko Mehl
100 ml Kokosmilch
2 Chilischoten
2 cm Ingwer fein gehackt
1 Stange Zitronengras jung
1 Tasse Reis gekocht
2 Eier
1 Bund Koriander gehackt
Salz und Pfeffer
Kümmel ganz und gemahlen
Sojasauce
Mirin oder Reisessig
Honig

Zubereitung

Den Schweinebauch mittig einschneiden, so dass eine große Tasche entsteht. Die Schwarte mit einem scharfen Messer rautenförmig einritzen. Das Fleisch ordentlich mit Salz, Pfeffer und Kümmel einreiben. Aus Sojasauce, Mirin, Reisessig und Honig eine Marinade rühren und das Fleisch damit bepinseln. Die Milchbrötchen in kleine Würfel schneiden und zusammen mit dem Panko Mehl und dem gekochten Reis in eine Schüssel geben. Mit der warmen Kokosmilch übergießen und die Eier hineinschlagen. Die Masse durchkneten und mit Sojasauce, Salz und Pfeffer kräftig abschmecken. Koriander, Ingwer, Chili und das fein gehackte Zitronengras in die Masse einarbeiten. Die Tasche des Schweinebauchs mit der Masse füllen und die Öffnung mit einem Spieß verschließen oder mit Küchengarn vernähen. Bei **200° Celsius** von allen Seiten für zwei Minuten angrillen. Danach bei indirekter Hitze und **180° Celsius** für weitere zwei Stunden fertig grillen. Während des Grillens immer wieder mit der Marinade einpinseln.

Gefüllter Schweinebauch klassisch

Zutaten für zwei Personen

1 kg Schweinebauch
2 Semmeln vom Vortag
2 Eier
1 Bund Petersilie gehackt
Salz und Pfeffer
Kümmel ganz und gemahlen
100 ml Milch

Zubereitung

Den Schweinebauch mittig einschneiden, so dass eine große Tasche entsteht. Die Schwarte mit einem scharfen Messer rautenförmig einritzen. Das Fleisch ordentlich mit Salz, Pfeffer und Kümmel einreiben. Die Semmeln in kleine Würfel schneiden und in eine Schüssel geben. Mit der warmen Milch übergießen und die Eier hineinschlagen. Die Masse durchkneten und mit Salz und Pfeffer kräftig abschmecken. Die Petersilie in die Masse einarbeiten. Die Tasche des Schweinebauchs mit der Masse füllen und die Öffnung mit einem Spieß verschließen oder mit Küchengarn vernähen. Bei **200° Celsius** von allen Seiten für **2 Minuten** angrillen. Danach bei indirekter Hitze und **180° Celsius** für weitere **zwei Stunden** fertig grillen.

Gegrillte, gefüllte Naturschnitzel mit Frischkäse

Zutaten für zwei Personen

2 Schweineschnitzel von der Oberschale à 140 Gramm
Salz und Pfeffer
4 EL Frischkäse
Estragon und Majoran
2 EL Milch
1 Gewürzgurke
1 TL Meerrettich frisch gerieben
2 TL Senf

Zubereitung

Die Schweineschnitzel sehr dünn klopfen und mit Senf bestreichen, ordentlich salzen und pfeffern. Den Frischkäse mit Milch glatt rühren und mit Estragon, Majoran und Meerrettich verrühren. Die Gewürzgurke klein hacken und unterheben. Die Schnitzel mit dem Frischkäse bestreichen und einklappen. Mit einem Spieß oder Zahnstocher fixieren. Am Gasgrill für **2 Minuten** je Seite bei **200° Celsius** angrillen und bei indirekter Hitze, geschlossenem Deckel und **160° Celsius** für **10 Minuten** fertig grillen.

Gefüllter Schweinebauch Spicy

Zutaten für zwei Personen

1 kg Schweinebauch
Tabasco
Sriratcha Sauce
1 Dose Kidney Bohnen
1 Brötchen vom Vortag
2 Eier
100 ml Tomatensaft
Salz und Pfeffer
1 Bund Basilikum gehackt
Kümmel ganz und gemahlen

Zubereitung

Den Schweinebauch mittig einschneiden, so dass eine große Tasche entsteht. Die Schwarte mit einem scharfen Messer rautenförmig einritzen. Das Fleisch ordentlich mit Salz, Pfeffer und Kümmel einreiben. Das Brötchen in kleine Würfel schneiden und zusammen mit den Kidney Bohnen in eine Schüssel geben. Mit dem warmen Tomatensaft übergießen und die Eier hineinschlagen. Mit Tabasco und Sriratcha Sauce ordentlich würzen. Die Masse durchkneten und mit Salz und Pfeffer kräftig abschmecken, Basilikum in die Masse einarbeiten. Die Tasche des Schweinebauchs mit der Masse füllen und die Öffnung mit einem Spieß verschließen oder mit Küchengarn vernähen. Bei **200° Celsius** von allen Seiten für **2 Minuten** angrillen. Danach bei indirekter Hitze und **180° Celsius** für weitere **zwei Stunden** fertig grillen.

Lamm

Lamm ist ebenfalls immer sehr beliebt, da das Fleisch sehr aromatisch ist. Zudem kann es kräftig gewürzt werden und besticht mit facettenreichen Zubereitungsarten.

Lammragout

Zutaten für zwei Personen

400 Gramm Lammschulter ohne Knochen
1 EL Olivenöl
100 Gramm Zwiebel
1 Karotte
1 Petersilienwurzel
1 TL Tomatenmark
200 ml Rotwein
1 Lorbeerblatt
2 Zweige Rosmarin
300 ml Gemüsebrühe
Salz und Pfeffer
1 TL Maismehl
2 EL Sauerrahm

Zubereitung

Einen Gusseisentopf auf den heißen Grill stellen und das Olivenöl erhitzen. Die Lammschulter in 3 cm große Würfel scheiden und das Fleisch im heißen Öl scharf anbraten. Die Zwiebel schälen und in 1 cm große Würfel schneiden. Die Karotte und die Petersilienwurzel schälen und in 1 cm große Würfel schneiden. Zwiebel, Karotte und Petersilienwurzel dazu geben und mitrösten. Das Tomatenmark beimengen und mitbraten, bis es angenehm zu duften beginnt. Mit dem Rotwein ablöschen und den Rotwein einkochen, bis er eine Konsistenz wie Sirup erhält. Lorbeerblatt und Rosmarin dazu geben und mit der Gemüsebrühe aufgießen, mit einem Deckel verschließen. Bei **150° Celsius** für **2 Stunden** schmoren lassen. Mit Salz und Pfeffer abschmecken. Das Maismehl mit dem Sauerrahm verrühren und zum Abbinden einrühren.

Lammfilet im Ganzen

Zutaten für zwei Personen

400 Gramm Lammfilet
Salz und Pfeffer
Zitronenöl
2 EL Kerbel gehackt

Zubereitung

Das Lammfilet mit Salz und Pfeffer würzen. Den Grill auf **180° Celsius** vorheizen und das Lamm für **2 Minuten** je Seite grillen. Bei indirekter Hitze für **10 Minuten** fertig garen. Zum Anrichten mit etwas Zitronenöl beträufeln und mit Kerbel bestreuen.

Edle Lammsteaks mit Trüffel

Zutaten für zwei Personen

2 Lammsteaks aus der Keule
Salz
Zitronenpfeffer
2 EL Olivenöl
2 Zehen Knoblauch
2 Stiele Oregano
frischer Trüffel

Zubereitung

Die Lammsteaks mit Salz und Zitronenpfeffer würzen. Die Steaks bei **200° Celsius** für **2 Minuten** je Seite angrillen. Die Knoblauchzehen andrücken. Die Lammsteaks mit Olivenöl einpinseln und mit dem Knoblauch und dem Oregano in Alufolie wickeln. Bei indirekter Hitze für **10 Minuten** fertiggaren. Zum Anrichten mit dem frisch gehobelten Trüffel bedecken.

Lamm Kotelett

Zutaten für zwei Personen

6 Lammkoteletts
2 EL Olivenöl
1 EL Orangensaft
1 TL Rosmarin fein gehackt
1 TL Thymian
1/2 TL Rohrzucker
Salz
1 Chili fein gehackt

Zubereitung

Bei den Lammkoteletts die Fettschicht mit einem scharfen Messer rautenförmig einschneiden. Die restlichen Zutaten zu einer Marinade verrühren und die Koteletts damit einpinseln. Für **20 Minuten** marinieren lassen. Den Grill auf **220° Celsius** vorheizen und das Lamm für **90 Sekunden** je Seite angrillen. Vom Grill nehmen, in Alufolie wickeln und für **5 Minuten** ruhen lassen.

Lamm Tajine

Zutaten für zwei Personen

600 Gramm Lammschulter ohne Knochen
1/2 TL Kreuzkümmel gemahlen
1/2 TL Anispulver
1 TL Paprikapulver
Salz und Pfeffer
3 EL Olivenöl
2 Schalotten
2 Zehen Knoblauch
4 Kartoffeln
1 Karotten
150 Gramm Aubergine
1 Salzzitrone
1 Zimtstange
4 getrocknete Aprikosen
300 ml Lammfond
2 EL Petersilie gehackt

Zubereitung

Die Lammschulter in 3 cm große Würfel schneiden und mit dem Kreuzkümmel, Anispulver, Paprikapulver, Salz, Pfeffer und Olivenöl in eine Schüssel geben. Vermischen und für **30 Minuten** durchziehen lassen. Das Lamm bei **200° Celsius** auf der Grillplatte goldbraun braten. Schalotten und Knoblauch schälen. Die Schalotten vierteln. Den Knoblauch in Scheiben schneiden. Die Kartoffeln gut waschen und in Spalten schneiden. Die Karotte und die Aubergine in 2 cm große Stücke schneiden. Alle Zutaten in eine Tajine geben und durchmischen. Mit dem Tajinedeckel verschießen und bei **160° Celsius** und indirekter Hitze für **60 bis 70 Minuten** garen.

Lamm-Spieß mit Birne

Zutaten für zwei Personen

400 Gramm Lammrücken ohne Fett
2 feste Birnen
100 Gramm Speck
2 EL Olivenöl
Salz
Pfeffer
Majoran

Zubereitung

Den Lammrücken in 3 cm große Würfel schneiden. Die Birnen in Spalten schneiden und entkernen. Den Speck in 3 cm dicke Stücke schneiden. Das Lamm, die Birne und den Speck abwechselnd auf Spieße stecken. Mit Olivenöl einpinseln und mit Salz, Pfeffer und Majoran würzen. Bei **250° Celsius** für **3 Minuten** je Seite grillen.

Lamm-Spieß Provence

Zutaten für zwei Personen

300 Gramm Lammfilet
100 Gramm Zucchini
8 Kirschtomaten
8 kleine Schalotten
8 grüne Oliven ohne Stein
3 EL Olivenöl
1 EL Balsamico Essig
2 TL Kräuter der Provence
Salz und Pfeffer
100 Gramm Joghurt
1 EL Kapern
1 EL Minze gehackt

Zubereitung

Das Lammfilet und die Zucchini in 1 bis 2 cm dicke Würfel schneiden. Das Lamm mit Zucchini, Tomaten, Schalotten und Oliven auf Spieße stecken. Das Olivenöl mit dem Balsamico Essig, Kräuter der Provence, Salz und Pfeffer vermischen und die Spieße damit einpinseln. Für **20 Minuten** marinieren. Den Grill auf **200° Celsius** erhitzen und die Spieße für **2 Minuten** je Seite grillen. Das Joghurt mit Kapern, Minze, Salz und Pfeffer verrühren und als Dip reichen.

Lammkrone

Zutaten für zwei Personen

600 Gramm Lammkrone
2 EL Olivenöl
Salz
2 EL Pfefferkörner
2 EL Ahornsirup
1 TL Rosmarin fein gehackt

Zubereitung

Die Lammkrone mit dem Olivenöl einreiben und kräftig salzen. Den Grill auf **220° Celsius** vorheizen und die Lammkrone rundherum scharf anbraten. Die Hitze im Grill auf **160° Celsius** reduzieren. Die Pfefferkörner im Mörser grob zerstoßen. Das Lamm mit dem Ahornsirup einstreichen, mit Rosmarin bestreuen und mit den Pfefferkörnern ummanteln. Die Krone bei indirekter Hitze für weitere **25 Minuten** fertig garen.

Blätterteig mit Lammfülle

Zutaten für zwei Personen

300 Gramm Lammrücken ohne Knochen
Salz und Pfeffer
150 Gramm Champignons
1 Schalotte
1 Zehe Knoblauch
1 EL Butter
1 EL Petersilie gehackt
1 EL Estragon gehackt
120 Gramm Blätterteig aufgetaut
1 Ei

Zubereitung

Den Lammrücken mit Salz und Pfeffer würzen und bei **220° Celsius** für **2 Minuten** je Seite grillen. Vom Grill nehmen und beiseite stellen. Die Champignons fein hacken. Die Schalotte und den Knoblauch schälen und fein hacken. Die Butter in einer Pfanne auf dem Gasgrill erhitzen und die Champignons mit der Schalotte und dem Knoblauch darin anschwitzen. Mit Salz und Pfeffer kräftig würzen, Petersilie und Estragon untermischen. Den Blätterteig ausbreiten und das Lamm in die Mitte legen, mit den Champignons bedecken. Den Blätterteig zusammenklappen. Das Ei verrühren und den Blätterteig damit einpinseln, mit einer Gabel mehrfach einstechen. In einen passenden Bräter legen. Bei indirekter Hitze für **25 Minuten** braten.

Gefülltes Lamm

Zutaten für zwei Personen

400 Gramm Lammrücken ohne Knochen
4 getrocknete Pflaumen
Salz und Pfeffer
10 Scheiben Speck

Zubereitung

In den Lammrücken mit einem langen, dünnen Messer der Länge nach ein Loch schneiden. Die Pflaumen reinstecken. Mit Salz und Pfeffer würzen. Mit dem Speck umwickeln. Den Grill auf **200° Celsius** vorheizen und das Lamm rundherum angrillen, bis der Speck knusprig ist. Bei indirekter Hitze für weitere **20 Minuten** fertig garen.

Lammschlögel

Zutaten für zwei Personen

1 Lammschlögel ca. 1 kg
3 EL Olivenöl
1/2 Zwiebel
3 Zehen Knoblauch
1 EL Rosmarinnadeln
1/2 TL Kreuzkümmel gemahlen
1 EL Paprikapulver
1 EL Rohrzucker
1/2 TL Pimentpulver
Salz und Pfeffer

Zubereitung

Das Lamm waschen und trocken tupfen, Zwiebel und Knoblauch schälen. Das Olivenöl mit der Zwiebel, den Knoblauchzehen, Rosmarin, Kümmel, Paprikapulver, Rohrzucker und Piment in einen Mixer geben und fein pürieren. Das Lamm damit einreiben, in einen Frischhaltebeutel geben und über Nacht in den Kühlschrank stellen. 2 Stunden vor Grillbeginn aus dem Kühlschrank nehmen und kräftig mit Salz und Pfeffer würzen. Auf dem Grill bei **220° Celsius** für **5 Minuten** je Seite grillen. Die Hitze auf **150° Celsius** reduzieren. Das Fleisch in Alufolie packen und bei indirekter Hitze für **2 Stunden** garen.

Lamm Kebab

Zutaten für zwei Personen

400 Gramm Lammhackfleisch
2 Zehe Knoblauch gerieben
1/2 TL Ingwer gerieben
1 TL Chiliflocken
1 TL Tomatenmark
1 TL Kreuzkümmel gemahlen
1 TL Thymian
1/2 TL Zitronenabrieb
1 EL Petersilie gehackt
2 EL geriebene Walnüsse geröstet
Salz und Pfeffer
2 EL Olivenöl

Zubereitung

Das Lammhackfleisch mit den restlichen Zutaten außer dem Olivenöl in eine Schüssel geben und verkneten. Für **15 Minuten** ruhen lassen. Mit feuchten Händen 4 Würste auf 4 Spießen formen. Mit dem Olivenöl einpinseln. Bei **200° Celsius** für **10 Minuten** rundherum grillen. Die Kebabs am besten mit Pitabrot, Knoblauchsauce, Tomaten, Salat und geraspeltem Kraut anrichten.

Lammburger orientalisch

Zutaten für zwei Personen

360 Gramm Lammhackfleisch
1/2 TL Fenchelsamen
1/2 TL Kreuzkümmel gemahlen
1/2 TL Koriander gemahlen
1 Zehe Knoblauch gerieben
Salz und Pfeffer
1 rote Paprika
3 EL Kichererbsen abgetropft
3 EL Ziegenfrischkäse
1 TL Paprikamark
2 Blätter Eisbergsalat
2 Burger Brötchen

Zubereitung

Das Lammhackfleisch mit Fenchelsamen, Kreuzkümmel, Koriander, Knoblauch, Salz und Pfeffer in eine Schüssel geben und gut vermischen. Für **15 Minuten** durchziehen lassen. Aus der Masse zwei Burger formen und bei **200° Celsius** für **4 Minuten** je Seite grillen. Die Paprika in 3 cm dicke lange Streifen schneiden und für **3 Minuten** je Seite grillen. Die Kichererbsen mit dem Ziegenfrischkäse, dem Paprikamark in ein hohes Gefäß geben und mit dem Stabmixer grob mixen. Die Burger Brötchen kurz anbraten. Das Salatblatt auf den Brötchenboden legen und je 1 Esslöffel der Creme darauf geben. Mit dem Lammpattie belegen. Die Paprikastreifen auf das Lamm legen, mit der restlichen Creme garnieren und mit dem Brötchendeckel verschließen.

Lammschulter

Zutaten für zwei Personen

800 Gramm Lammschulter hohl ausgelöst
3 Zweige Rosmarin
3 Zweige Thymian
3 EL Olivenöl
1 EL Honig
1 TL Koriander gemahlen
1 EL grober Pfeffer
Salz

Zubereitung

Das Lamm waschen und trocken tupfen. Die Kräuter in das Knochenloch stecken. Das Olivenöl mit Honig, Koriander und Pfeffer vermischen und die Lammschulter damit einreiben. Für **2 Stunden** ruhen lassen, mit Salz kräftig würzen. Bei **150° Celsius** für etwa **80 Minuten** grillen und dabei ab und zu wenden.

Lammburger mit Käse

Zutaten für zwei Personen

1 Zehe Knoblauch
2 getrocknete Aprikosen
400 Gramm Lammhackfleisch
1/2 TL Kreuzkümmel gemahlen
1 TL Oregano
Salz und Pfeffer
2 EL Petersilie gehackt
80 Gramm Feta
2 TL Olivenöl

Zubereitung

Den Knoblauch schälen und mit der Aprikose fein hacken. Den Knoblauch mit den Aprikosen, dem Lammhackfleisch, dem Kreuzkümmel, Oregano, Salz, Pfeffer und der Petersilie in eine Schüssel geben. Gut vermischen und für **15 Minuten** ruhen lassen. Ein Viertel der Masse in die Hand nehmen und leicht flachdrücken, 40 Gramm Feta in die Mitte legen und mit einem weiteren Viertel der Hackmasse zudecken. Zu einem Burger formen. Das Ganze zweimal wiederholen. Mit dem Olivenöl einpinseln. Bei **200° Celsius für 5 Minuten** je Seite grillen.

Lammrücken mit Senfkruste

Zutaten für zwei Personen

400 Gramm Lammrücken ohne Knochen
Salz und Pfeffer
2 EL Senf
1 TL Rosmarin fein gehackt
4 EL grobes Paniermehl
40 Gramm Butter

Zubereitung

Den Lammrücken salzen und pfeffern. Auf dem vorheizten Grill bei **250° Celsius** für **3 Minuten** je Seite grillen. Für **10 Minuten** und bei indirekter Hitze garen. Mit dem Senf bestreichen und mit Rosmarin und Paniermehl bestreuen. Die Brösel mit der Butter belegen und bei geschlossenem Deckel und direkter Hitze für weitere **5 Minuten** grillen.

Lammhaxe

Zutaten für zwei Personen

1 EL Rosmarinnadeln
1 EL Thymianblättchen
2 Zehen Knoblauch
1 EL grobes Meersalz
1 TL Pfefferkörner
1/2 TL Piment
2 EL Olivenöl
2 Lammhaxen

Zubereitung

Rosmarin mit Thymian, geschältem Knoblauch, Meersalz, Pfefferkörnern und Piment in einen Mörser geben und grob zerstoßen, mit dem Olivenöl vermischen und die Lammhaxen damit einreiben. Für **1 Stunde** marinieren. Bei **130° Celsius** und indirekter Hitze für ca. **70 bis 80 Minuten** grillen.

Wild und Exoten

Wild ist besonders fein und aromatisch und eignet sich besonders dafür, Gäste zu beeindrucken. Viele haben Angst davor Wild zu grillen, dabei ist auch das wirklich einfach. Ab und zu hat man vielleicht Lust auf etwas Exotisches. Auch dafür haben wir hier zwei außergewöhnliche, aber doch simple Rezepte vorbereitet.

Rehfilet im Ganzen

Zutaten für zwei Personen

500 Gramm Rehfilet
1 EL Sonnenblumenöl
Salz
50 Gramm Butter
1 TL Salbei fein gehackt
1 TL Pfeffer aus der Mühle

Zubereitung

Das Rehfilet mit Sonnenblumenöl einpinseln und mit Salz würzen. Den Grill auf **180° Celsius** erhitzen und das Filet rundherum für **4 Minuten** angrillen. Bei indirekter Hitze für weitere **12 Minuten** fertig garen. Die Butter mit Salbei und Pfeffer in einen kleinen Topf geben und auf den Gasgrill stellen. Die Butter erhitzen bis sie leicht nussig riecht. Das Rehfilet zum Anrichten in Scheiben schneiden und mit der Butter nappieren.

Hirschfilet im Ganzen

Zutaten für zwei Personen

2 EL Sojasauce
2 EL Sesamöl
1 TL Currypulver
1 TL Garam Masala
1 TL Oregano
1/2 TL Orangenabrieb
600 Gramm Hirschfilet

Zubereitung

Die Sojasauce mit Sesamöl, Currypulver, Garam Masala, Oregano und Orangenabrieb verrühren. Das Hirschfilet damit einpinseln und für **15 Minuten** marinieren. Das Hirschfilet bei **200° Celsius** für **10 Minuten** rundherum anbraten. In Alufolie wickeln und bei indirekter Hitze und geschlossenem Deckel für weitere **15 Minuten** fertig garen.

Gemischter Wild-Spieß

Zutaten für zwei Personen

200 Gramm Rehkarree
4 Scheiben Speck
200 Gramm Hirschrücken
200 Gramm Steinpilze
8 kleine Egerlinge
1 rote Zwiebel
1 Nektarine
Salz und Pfeffer
2 EL Olivenöl

Zubereitung

Das Reh und den Hirsch in 3 cm große Stücke schneiden. Die Rehwürfel mit dem Speck umwickeln. Die Steinpilze in 3 cm große Stücke schneiden. Die Zwiebel schälen und in Spalten schneiden. Die Nektarine entsteinen und ebenfalls in Spalten schneiden. Alles abwechselnd auf Spieße stecken. Mit Salz und Pfeffer würzen und mit dem Olivenöl einpinseln. Bei **180° Celsius** für **2 Minuten** auf allen vier Seiten grillen.

Kotelett vom Wildschwein

Zutaten für zwei Personen

2 Wildschein Koteletts à 280 Gramm
1 Zehe Knoblauch
2 EL Sojasauce
2 EL Rapsöl
1 EL Ahornsirup
2 EL Gin
1 TL Pfeffer aus der Mühle

Zubereitung

Die Koteletts waschen und trocken tupfen. Den Knoblauch schälen und fein hacken. Knoblauch mit Sojasauce, Rapsöl, Ahornsirup, Gin und Pfeffer in eine Schüssel geben und zu einer Marinade verrühren. Die Wildschwein Koteletts darin für eine Stunde marinieren lassen. Das Fleisch auf dem Grill bei **180° Celsius** für **5 Minuten** je Seite grillen. Bei indirekter Hitze für weitere **10 Minuten** fertig garen.

Wildschweinsteak

Zutaten für zwei Personen

2 Wildschweinsteaks à 250 Gramm
2 EL Balsamico Essig
Salz und Pfeffer
1/2 TL Paprikapulver scharf
1 TL Paprikapulver edelsüß
1/2 TL Rohrzucker
1 TL Rosmarin fein gehackt

Zubereitung

Das Wildschein waschen, trocken tupfen und mit dem Balsamico Essig gut einpinseln. Die Gewürze vermischen und die Steaks damit einreiben. Das Fleisch bei **200° Celsius** für **5 Minuten** je Seite grillen. In Alufolie packen und für **5 Minuten** ohne Hitze ruhen lassen.

Rehrücken im Ganzen

Zutaten für zwei Personen

800 Gramm Rehrücken am Knochen
Salz und Pfeffer
1 EL Thymian
100 Gramm hauchdünne Lardoscheiben oder ein anderer weißer Speck

Zubereitung

Den Rehrücken kräftig mit Salz und Pfeffer würzen. Bei **200° Celsius** rundherum angrillen. Die Temperatur im Gasgrill auf **150° Celsius** reduzieren. Das Reh mit dem Thymian bestreuen und mit dem Lardo belegen. Für weitere **40 Minuten** bei indirekter Hitze und geschlossenem Deckel rosa fertig garen.

Hirschrücken-Steak

Zutaten für zwei Personen

1 TL grobes Meersalz
1/2 TL Pfefferkörner
2 Wacholderbeeren
2 Piment
500 Gramm Hirschrückensteaks
2 TL Olivenöl

Zubereitung

Das Meersalz mit den Pfefferkörnern, den Wacholderbeeren und dem Piment in den Mörser geben und zerstoßen. Die Hirschrückensteaks mit dem Olivenöl einpinseln und mit den Gewürzen gut einreiben. Den Grill auf **220° Celsius** erhitzen und die Steaks für **2 Minuten** je Seite angrillen. Bei indirekter Hitze und geschlossenem Deckel für weitere **10 Minuten** fertig garen.

Rehleber

Zutaten für zwei Personen

400 Gramm Rehleber
2 EL Maismehl
Salz und Pfeffer
2 TL Walnussöl

Zubereitung

Die Rehleber abwaschen und trocken tupfen. In 1 cm dicke Scheiben schneiden und im Maismehl wenden. Die Leber bei **200° Celsius** für eine Minute je Seite grillen. In Alufolie wickeln und ohne Hitze für **5 Minuten** ruhen lassen. Das Fleisch auspacken, mit Salz und Pfeffer würzen und mit dem Walnussöl beträufeln.

Krokodil Steak

Zutaten für zwei Personen

600 Gramm Krokodilsteaks
1 EL Limettensaft
1 EL Currypulver
1/2 TL Paprikapulver
1/2 TL Honig
2 EL Rapsöl
Salz und Pfeffer
1 EL Ingwer gerieben
2 EL Butter

Zubereitung

Das Krokodil-Fleisch waschen und trocken tupfen. Den Limettensaft, Currypulver, Paprikapulver, Honig und das Rapsöl in einer Schüssel zu einer Marinade verrühren. Die Steaks darin über Nacht marinieren lassen. **30 Minuten** vor dem Grillen aus dem Kühlschrank nehmen und mit Salz und Pfeffer kräftig würzen. Den Grill auf **250° Celsius** erhitzen und für **2 Minuten** je Seite angrillen. Auf eine Alufolie legen, mit dem Ingwer einstreichen und die Butter darauf verteilen. Die Alufolie verschließen und bei indirekter Hitze und geschlossenem Deckel für weitere **10 Minuten** fertig garen.

Straußen Steak

Zutaten für zwei Personen

2 Straußensteaks à 250 Gramm
1 Espresso kalt à 150 ml
1 EL Olivenöl
1/2 TL Paprikapulver edelsüß
1 TL Aprikosenmarmelade
1 Messerspitze Chilipulver
Salz und Pfeffer

Zubereitung

Die Steaks waschen und trocken tupfen. Den Espresso mit Olivenöl, Paprikapulver, Aprikosenmarmelade, Chilipulver, Salz und Pfeffer verrühren. Den Strauß damit einpinseln und für **30 Minuten** marinieren. Den Grill auf **250° Celsius** vorheizen und die Steaks für **2 Minuten** je Seite angrillen. Für weitere **15 Minuten** bei indirekter Hitze und geschlossenem Deckel fertig garen.

Fisch und Meeresfrüchte

Fische und Meeresfrüchte haben auch den Ruf, nicht so einfach zu grillen zu sein. Doch das stimmt nicht. Ganz im Gegenteil. Mit den richtigen Rezepten lassen sich aus Fischen und Meeresfrüchten ganz einfach wahre Köstlichkeiten zubereiten. Hier haben wir eine bunte Auswahl vorbereitet, bei welcher garantiert für jeden das Richtige dabei ist.

Knoblauch-Forelle

Zutaten für zwei Personen

4 Forellenfilets
1 EL Rapsöl
Salz und Pfeffer
4 Zehen Knoblauch
etwas Zitronenabrieb

Zubereitung

Die Forellen waschen und trocken tupfen. Die Hautseite mit Rapsöl einpinseln, mit Salz und Pfeffer würzen. Den Knoblauch schälen und blättrig schneiden. Die Forellenfilets mit dem Knoblauch belegen. Den Grill auf **180° Celsius** erhitzen und die Forellen nur auf der Haut für **4 Minuten** grillen. Zum Anrichten mit dem Zitronenabrieb bestreuen.

Dorade mit Kräuterfülle

Zutaten für zwei Personen

2 Doraden
Salz und Pfeffer
2 Stiele Petersilie
2 Stiele Kerbel
2 Stiele Dill
2 Zweige Thymian
4 dünne Scheiben Zitronen

Zubereitung

Die Doraden waschen und trocken tupfen, außen und innen kräftig mit Salz und Pfeffer würzen. Die Doraden mit den Kräutern und den Zitronenscheiben füllen. Den Grill auf **170° Celsius** vorheizen und die Doraden für **6 Minuten** je Seite grillen. Die Dorade ist fertig, sobald sich die Rückenflosse leicht herausziehen lässt.

Catfish Thai Style

Zutaten für zwei Personen

2 Catfish Filets à 200 Gramm
1 Zehe Knoblauch
1 cm Ingwer
2 Chilis
1 Stange junges Zitronengras
Saft einer Limette
2 EL Fischsauce
1 EL Sojasauce
2 EL Kokosöl
1/2 TL Zucker
1/2 Bund Koriander

Zubereitung

Die Catfish Filets waschen und trocken tupfen. Den Knoblauch schälen und fein hacken, den Ingwer und die Chili fein hacken. Das Zitronengras in feine Ringe schneiden. Knoblauch mit Ingwer, Chili, Zitronengras, Limettensaft, Fischsauce, Sojasauce, Kokosöl und Zucker in eine Schüssel geben und zu einer Marinade vermischen. Die Filets darin für mindestens eine Stunde marinieren. Den Grill auf **200° Celsius** erhitzen und für **5 Minuten** je Seite grillen. Den Koriander grob hacken und zum Anrichten den Fisch damit bestreuen.

Gambas à la Mexiko

Zutaten für zwei Personen

500 Gramm Gambas ohne Kopf und Schale, geputzt
100 Gramm rote Zwiebel
3 Zehen Knoblauch
1 roter Paprika
2 EL Rapsöl
2 Tomaten
3 EL Mais
2 Chilis
Saft einer Limette
1 EL Oregano gehackt
Salz und Pfeffer

Zubereitung

Zwiebel und Knoblauch schälen und klein schneiden. Paprika in kurze Streifen schneiden. Die Tomaten würfeln, Chilis fein hacken. Den Grill auf **200° Celsius** erhitzen. Die Gambas mit Zwiebel, Knoblauch, Paprika und Rapsöl auf der Grillplatte für 3 Minuten grillen. Alternativ in eine Alu-Grilltasse geben. Die Tomaten mit Mais und Chilis dazu geben und für **2 Minuten** mitbraten. Mit Limettensaft, Oregano, Salz und Pfeffer würzen.

Tintenfisch-Tuben gefüllt

Zutaten für zwei Personen

4 Tintenfischtuben küchenfertig
1 Schalotte
1 Zehe Knoblauch
1 TL Butter
50 Gramm Fenchel
1/2 Zucchini
2 Sardellenfilets
1 Tomate
1/2 Bund Basilikum
Salz und Pfeffer
4 EL Olivenöl
10 Kirschtomaten
1 EL Thymian

Zubereitung

Die Tintenfischtube waschen und trocken tupfen. Die Schalotte und den Knoblauch schälen und fein hacken. Die Butter in einer Pfanne auf dem Gasgrill erhitzen und die Zwiebel mit dem Knoblauch darin anschwitzen. Den Fenchel und die Zucchini in feine Würfel schneiden. Die Sardellen fein hacken. Die Tomate vierteln, entkernen und ebenfalls in feine Würfel schneiden. Basilikum in Streifen schneiden. Fenchel, Zucchini, Sardellen, Tomaten und Basilikum mit in die Pfanne geben und kurz mitbraten. Kräftig mit Salz und Pfeffer würzen. Die Tintenfischtuben mit der Masse füllen und mit einem Zahnstocher verschließen. In eine Auflaufform legen und mit den Kirschtomaten belegen. Mit dem Olivenöl beträufeln und Thymian darüber streuen. Den Grill auf **190° Celsius** erhitzen und die Tuben bei indirekter Hitze und geschlossenem Deckel für **15 Minuten** garen.

Seeteufel im Speckmantel

Zutaten für zwei Personen

2 getrocknete Tomaten
2 EL Pinienkerne geröstet
2 Blätter Salbei
1 TL Thymian
1 TL Olivenöl
400 Gramm Seeteufelfilets
Pfeffer
150 Gramm Speck

Zubereitung

Die Tomaten mit den Pinienkernen, Salbei, Thymian und Olivenöl in einen Mixer geben und fein zu einer Paste mixen. Den Seeteufel mit der Paste einreiben und kräftig würzen. Mit dem Speck umwickeln. Die Filets auf den **200° Celsius** heißen Grill legen und für **6 bis 8 Minuten** rundherum knusprig grillen.

Garnelen in Limetten-Marinade

Zutaten für zwei Personen

2 Zehen Knoblauch
3 EL Olivenöl
3 EL Weißwein
4 EL Limettensaft
1 TL Limettenabrieb
1/2 Bund Kerbel
500 Gramm Garnelen ohne Kopf und Schale
Salz und Pfeffer

Zubereitung

Den Knoblauch schälen und fein hacken. Knoblauch mit Olivenöl, Weißwein, Limettensaft, und mit dem gehackten Kerbel in eine Schüssel geben und zu einer Marinade verrühren. Die Garnelen dazu geben und für **30 Minuten** durchziehen lassen. Die Garnelen aus der Marinade nehmen und mit Salz und Pfeffer würzen. Den Grill auf **200° Celsius** erhitzen und die Garnelen für **3 bis 4 Minuten** grillen.

Lachsfilet im Ganzen

Zutaten für zwei Personen

1 Lachsfilet
Salz und Pfeffer
1 EL Paprikapulver
Saft einer Bio Limette
4 Limetten
3 EL Liebstöckel gehackt
1 großes Bananenblatt

Zubereitung

Den Lachs waschen und trocken tupfen. Mit Salz, Pfeffer und Paprikapulver würzen, mit Limettensaft beträufeln. Die Limetten in Scheiben schneiden. Das Bananenblatt ausbreiten und mit den Limettenscheiben belegen. Das Lachsfilet auf die Limettenscheiben legen und mit Liebstöckel bestreuen. Das Bananenblatt zusammenklappen und am besten mit einem Tacker oder mit Zahnstochern verschließen. Den Lachs bei **180° Celsius** und bei indirekter Hitze und geschlossenem Deckel für **30 Minuten** grillen.

Vegetarische und vegane Hauptgerichte

Vegetarisch und vegan sind groß im Kommen und keiner kann sich mehr diesem Trend verweigern. Es ist interessant, wie viele tolle Hauptspeisen sich auch ohne tierische Produkte auf dem Grill zubereiten lassen. Egal ob Groß oder Klein, Alt oder Jung, Männer, Frauen oder auch Kinder, alle werden von diesen Rezepten begeistert sein. Einen Vorteil haben diese Gerichte zudem: Sie sind nicht nur wunderbar köstlich, sondern auch gesund und leicht.

Blumenkohl Steaks

Zutaten für zwei Personen

2 Schnitten aus dem ganzen Blumenkohl à 1,5 cm dick
2 TL Senf
2 TL Ketchup
Cayennepfeffer
Meersalz
Kümmel gemahlen
1 Prise Muskat gemahlen

Zubereitung

Die Gewürze mit Senf und Ketchup verrühren und den Blumenkohl beidseitig damit einstreichen. Kurz marinieren lassen und die Steaks auf den Grill legen. Bei **180° Celsius** für je **4 Minuten** pro Seite grillen.

Blumenkohl Wings

Zutaten für zwei Personen

1 Blumenkohl
flüssiger Rauch
Rauchsalz
Ketchup
Sojasauce dunkel
süß-saure Sauce
1 TL Sesam hell
1 TL Sesam schwarz
100 ml Cola

Zubereitung

Sesam mit dem flüssigen Rauch, Rauchsalz, Ketchup, Sojasauce und der süß-sauren Sauce vermengen, zuletzt das Cola einrühren. Den Blumenkohl in Rosen teilen und diese in der Sauce marinieren. Den Strunk nicht wegwerfen, dieser kann zu einer tollen Suppe verarbeitet werden. Die Wings auf eine Alu-Grilltasse legen und bei **180° Celsius** für **12 Minuten** grillen. Zwischendurch die Röschen immer wieder wenden.

Sellerie Steak

Zutaten für zwei Personen

4 Scheiben Sellerie
à 1,5 cm dick
500 ml Salzwasser
4 TL Butter
Abrieb einer Bio Zitrone
Salz und Pfeffer
2 Zehen Knoblauch gepresst
1 TL Oregano

Zubereitung

Sellerie in einen Topf mit Salzwasser geben und am Gasgrill für etwa **2 Minuten** kochen lassen. In der Zwischenzeit die Butter mit den restlichen Zutaten verrühren. Sellerie aus dem Wasser nehmen, kurz abtupfen und mit der gewürzten Butter beidseitig einstreichen. Auf den Grill legen und bei **180° Celsius** für **4 Minuten** pro Seite grillen.

Kohlrabi Steak

Zutaten für zwei Personen

2 Stück Kohlrabi
500 ml Wasser
Salz und Pfeffer
1 gute Prise Vanillezucker
Salbei gerebelt
1 TL Wasabi
2 EL Tomatenmark
Kümmel gemahlen

Zubereitung

Kohlrabi schälen und in etwa 1 cm dicke Scheiben schneiden. Das Wasser ordentlich salzen und auf den Gasgrill stellen. Den Kohlrabi darin für etwa **2 Minuten** köcheln lassen. Die restlichen Zutaten zu einer Marinade verrühren. Den Kohlrabi aus dem Wasser nehmen, trocknen und mit der Marinade beidseitig bestreichen. Auf den Grill legen und bei **180° Celsius** für etwa **4 Minuten** pro Seite grillen.

Gefüllte Ochsenherztomaten

Zutaten für zwei Personen

2 Ochsenherztomaten
4 EL gekochter Reis
2 EL Kräuter gehackt
Salz und Pfeffer
Curry gelb
Tabasco Sauce
etwas Abrieb einer Bio Orange

Zubereitung

Den Reis mit den Kräutern vermengen und mit Salz, Pfeffer, Curry, Tabasco und dem Abrieb abschmecken. Bei den Tomaten den Deckel abschneiden und vorsichtig mit einem Löffel die Kerne und das Fruchtfleisch herauskratzen. Grob durchhacken und ebenfalls mit dem Reis vermengen. Die Masse in die Tomaten füllen und mit dem Deckel verschließen. Auf den Grill legen und bei indirekter Hitze, geschlossenem Deckel und **180° Celsius** für **14 Minuten** grillen.

Gefüllte Zucchini

Zutaten für zwei Personen

2 kleine Zucchini
4 EL Sojagranulat
50 ml Brühe
2 EL Parmesan
Salz und Pfeffer
1 Prise Muskat gemahlen
flüssiger Rauch

Zubereitung

Die Zucchini der Länge nach halbieren und das Fruchtfleisch vorsichtig mit einem Löffel herauskratzen. Das Sojagranulat mit der Brühe in einem Topf auf den Gasgrill stellen und aufkochen lassen. Das Fruchtfleisch der Zucchini klein schneiden und hinzufügen. Parmesan einrühren und mit Salz, Pfeffer, Muskat und flüssigem Rauch abschmecken. Die Masse in die ausgehöhlten Zucchini füllen und auf den Grill legen. Bei **180° Celsius** für **10 Minuten** grillen.

Gefüllte Auberginen

Zutaten für zwei Personen

2 kleine Auberginen
4 EL Linsen aus der Dose
1/2 Paprika rot
1/4 Paprika gelb
1/4 Stange Lauch
italienische Kräuter
40 Gramm Ziegenkäse zerbröselt
Salz und Pfeffer

Zubereitung

Die Auberginen der Länge nach halbieren und vorsichtig mit einem Löffel aushöhlen. Das Fruchtfleisch klein schneiden und mit den Linsen vermengen. Die Paprika klein würfeln und den Lauch in feine Ringe schneiden. Ebenfalls zu den Linsen geben und mit Kräutern, Salz und Pfeffer abschmecken. Die Masse in die Auberginen füllen und mit dem Ziegenkäse bedecken. Am Grill bei **200° Celsius** für **15 Minuten** grillen.

Gemüsespieß deluxe

Zutaten für zwei Personen

1/2 Avocado
2 Shiitake Pilze
2 Datteltomaten
1 Stange Spargel weiß
1 Stange Spargel grün
2 Lampionfrüchte
Trüffelöl
Meersalz
Zitronenpfeffer

Zubereitung

Die Avocado schälen und in Würfel schneiden, die Pilze und die Tomaten halbieren und den Spargel in vier Stücke teilen. Die Lampionfrüchte ebenfalls halbieren und alles auf Spieße auffädeln. Mit Trüffelöl beträufeln und mit Meersalz und Zitronenpfeffer würzen. Am Grill bei **180° Celsius** für **8 Minuten** rundherum grillen. Vor dem Servieren noch einmal mit Trüffelöl beträufeln und mit Trüffel-Mayonnaise anrichten.

Auberginen-Bacon

Zutaten für zwei Personen

1 große Aubergine
Räuchersalz
Olivenöl
flüssiger Rauch
Ahornsirup

Zubereitung

Die Aubergine in hauchdünne Scheiben mit einer Stärke von etwa 2 mm schneiden. Dazu am besten die Aufschnitt-Maschine verwenden. Die restlichen Zutaten zu einer Marinade verrühren. Die Scheiben für mindestens eine Stunde marinieren lassen. Am Grill bei **200° Celsius** für etwa **10 Minuten** grillen. Zwischendurch immer wieder wenden und mit der Marinade bestreichen. Eventuell auch immer wieder mit einigen Tropfen flüssigem Rauch benetzen.

Rübenpakete

Zutaten für zwei Personen

1 Karotte
1 gelbe Möhre
1 violette Urkarotte
1 EL Ahornsirup
Saft einer Orange
1/4 Sellerie
1 Pastinake
Cayennepfeffer
1 Prise Muskat gemahlen
1 Prise Zimt
Lavendelsalz

Zubereitung

Das Gemüse in kleine, mundgerechte Stücke schneiden und mit den restlichen Zutaten in einer Schüssel vermengen. Alles kräftig abschmecken. Auf kleine viereckige Stücke Alufolie verteilen und diese zu Paketen verschließen. Am Gasgrill bei **180° Celsius** für **20 Minuten** grillen und erst am Tisch öffnen.

Spargelpakete

Zutaten für zwei Personen

4 weiße Spargel
4 grüne Spargel
4 Thaispargel
4 EL Sauce Hollandaise
Pfeffer aus der Mühle
etwas Abrieb einer Bio Limette
Basilikum gehackt

Zubereitung

Den Spargel in etwa 2 cm große Stücke schneiden und in einer Schüssel mit den restlichen Zutaten vermengen. Das Gemüse auf kleine Stücke Alufolie verteilen und diese gut verschließen. Auf dem Grill bei **200° Celsius** für etwa **14 Minuten** grillen. Die Pakete am besten erst am Teller öffnen, da sich hier die Aromen ganz wunderbar entfalten.

Gefüllter Kohlrabi

Zutaten für zwei Personen

2 Kohlrabi
4 EL Couscous
100 ml Brühe
1 Ei
2 TL Cashewnüsse grob gehackt
Kerne eines halben Granatapfels
Salz und Pfeffer
Ras-el Hanout

Zubereitung

Den Kohlrabi leicht schälen und unten gerade schneiden. Den Deckel abschneiden und das Fruchtfleisch vorsichtig mit einem kleinen Messer oder einem Löffel heraushöhlen. Auch ein Kugelausstecher funktioniert hier gut. Den Couscous mit der Brühe in einem Topf auf den Gasgrill stellen und aufkochen lassen. Vom Grill nehmen und quellen lassen. Das Kohlrabi-Fruchtfleisch klein schneiden und hinzugeben. Die restlichen Zutaten ebenfalls unter den Couscous mischen und kräftig würzen. Die Masse in die Kohlrabis füllen und mit dem Deckel verschließen. Bei **200° Celsius** und geschlossenem Deckel für **25 Minuten** grillen.

BBQ Seitan

Zutaten für zwei Personen

2 Seitan Schnitzel à 140 Gramm
Salz und Pfeffer
Olivenöl
Worcester Sauce
Paprikapulver edelsüß
1 EL Sahnemeerrettich

Zubereitung

Den Seitan auf beiden Seiten mit Sahnemeerrettich bestreichen und mit Olivenöl und Worcester Sauce beträufeln. Mit Paprika, Salz und Pfeffer bestreuen und für je **3 Minuten** pro Seite am Gasgrill bei **200° Celsius** grillen. Natürlich kann der Seitan mit sämtlichen Marinaden gewürzt werden.

Seitan Rippchen

Zutaten für zwei Personen

400 Gramm Seitan ungekocht
4 EL Ketchup
Sojasauce
50 ml dunkles Bier
2 Zehen Knoblauch gepresst
Kümmel gemahlen
Kümmel ganz
Ahornsirup oder Honig
Salz und Pfeffer
BBQ Sauce nach Wahl
flüssiger Rauch

Zubereitung

2 Alu-Grilltassen nehmen und den rohen Seitan auf diese Größe ausrollen. Aus den restlichen Zutaten eine Marinade rühren. Den rohen Seitan hineinlegen und zuvor beidseitig mit der Marinade bestreichen. Am Gasgrill bei **200° Celsius** für **20 Minuten** grillen und immer wieder mit der Marinade bestreichen. Den Seitan wenden und für weitere **20 Minuten** grillen. Aus den Schalen nehmen und in rippchenähnliche Stücke schneiden. Der Seitan wird richtig fest und knusprig.

Pfefferoni mit Ziegenkäse

Zutaten für zwei Personen

4 mexikanische Pfefferoni oder Spitzpaprika
60 Gramm Ziegenkäse
2 EL Frischkäse
1 kleines Stück Avocado
1/2 Bund Minze gehackt
Salz und Pfeffer

Zubereitung

Den Ziegenkäse mit dem Frischkäse glatt rühren. Die Avocado mit der Gabel zerdrücken und ebenfalls untermischen. Mit Salz und Pfeffer kräftig würzen und die Minze unterrühren. Bei den Pfefferoni den Deckel abschneiden und vorsichtig mit einem Messer das Kerngehäuse herauslösen. Mit der Masse füllen und auf den Grill legen. Bei **180° Celsius** für **12 Minuten** rundherum grillen. Die Pfefferoni dürfen ruhig schön dunkle Streifen erhalten.

Curry Tofu

Zutaten für zwei Personen

2 Stück Räuchertofu schnittfest à 120 Gramm
2 EL Pflanzenöl
2 TL Currypulver gelb
1 EL Currpaste grün
Sojasauce
40 ml Fruchtsaft

Zubereitung

Alle Zutaten außer dem Tofu zu einer Marinade verrühren und den Tofu rundum damit marinieren. Am besten über Nacht durchziehen lassen. Bei **180° Celsius** für **5 Minuten** pro Seite auf dem Gasgrill grillen.

Tofuspieß mit Früchten

Zutaten für zwei Personen

1 Stück Räuchertofu à 120 Gramm
1/2 Apfel
4 Weintrauben
1 Dattel
1 Feige
1 Scheibe Ananas
4 Scheiben Banane
2 EL Erdnussbutter
flüssiger Rauch
Räuchersalz
geräuchertes Paprikapulver
Cayenne Pfeffer
1 EL Öl

Zubereitung

Den Tofu, den Apfel und die Ananas würfeln, die Weintrauben, die Dattel und die Feige halbieren und alles abwechselnd mit den Bananen auf Spieße fädeln. Die restlichen Zutaten zu einer Marinade rühren. Die Spieße damit einpinseln und auf den Grill legen. Für **4 Minuten** pro Seite auf dem Gasgrill bei **180° Celsius** grillen.

Tofuspieß pikant

Zutaten für zwei Personen

1 Stück Räuchertofu à 120 Gramm
2 Chili rot
1/2 Paprika grün
2 Champignons braun
4 Scheiben Zucchini
4 Würfel eingelegter Ziegenkäse
2 EL Currypaste rot
1 EL Kokosöl
Sojasauce
Paprikapulver

Zubereitung

Die Champignons halbieren, das Gemüse in gleichgroße Stücke schneiden und abwechselnd auf Spieße fädeln. Aus den restlichen Zutaten eine Marinade rühren und die Spieße damit einstreichen. Am Gasgrill bei **180° Celsius** für **4 Minuten** pro Seite grillen.

Vegane Hackbällchen

Zutaten für zwei Personen

300 Gramm veganes Hackfleisch
2 EL Haferflocken
Salz und Pfeffer
2 TL Speisestärke
1 EL Ketchup
1 TL Senf mittelscharf
2 Zehen Knoblauch gehackt
1/2 Zwiebel gehackt
Paprikapulver
50 ml lauwarme Kokosmilch oder Pflanzenmilch

Zubereitung

Alle Zutaten in eine Schüssel geben und gut verkneten. Für **20 Minuten** quellen lassen. Mit leicht feuchten Händen zu Bällchen formen und diese am Grill bei **180° Celsius** für **5 Minuten** pro Seite grillen. Anstatt Bällchen können auch kleine Buletten geformt werden.

Gemüseburger

Zutaten für zwei Personen

1 Tasse Reis gekocht
1/2 Möhre geraspelt
1/2 Zucchini geraspelt
1 Ei
2 EL Haferflocken
1 EL Weizenkleie
2 EL Meerrettich gerissen
2 cm Ingwer gerieben
2 Zehen Knoblauch gepresst
1/2 rote Zwiebel gewürfelt
1 Stange Staudensellerie klein geschnitten
1 Bund Liebstöckel gehackt
Salz und Pfeffer
1 Prise Muskat
Thymian
120 ml Brühe
Öl zum Bepinseln

Zubereitung

Alle Zutaten in einer Schüssel gut verkneten und für eine halbe Stunde quellen lassen. Mit feuchten Händen zu Burgern formen. Mit etwas Öl dünn bepinseln. Auf dem Gasgrill bei **180° Celsius** für **6 Minuten** pro Seite grillen.

Gefüllte Portobello Pilze

Zutaten für zwei Personen

2 große Portobello Pilze
1 Stange Staudensellerie klein geschnitten
1/2 Bund Petersilie gehackt
1 Scheibe Toastbrot klein gewürfelt
30 Gramm Käse gerieben
1 Tomate gewürfelt
1 Chili gehackt
1 Zehe Knoblauch gepresst
Salz und Pfeffer

Zubereitung

Die Stiele der Pilze entfernen und fein würfeln. Mit den restlichen Zutaten vermengen und die Pilze damit befüllen. Auf den Grill legen und bei **180° Celsius** und geschlossenem Deckel für **20 Minuten** grillen.

Gegrillter Chinakohl

Zutaten für zwei Personen

1 Chinakohl
2 EL Hoi Sin Sauce
2 EL Essig
2 EL Kokosöl
2 EL Sriratcha Sauce
Soasauce hell und dunkel

Zubereitung

Den Chinakohl der Länge nach vierteln. Aus den restlichen Zutaten eine Marinade rühren und die Schnittseiten des Chinakohls damit bestreichen. Den Chinakohl bei **180° Celsius** für je **4 Minuten** je Seite grillen. Zuerst mit der unmarinierten Rückseite beginnen.

Linsenburger

Zutaten für zwei Personen

1 Dose Linsen
2 Scheiben Toastbrot gewürfelt
40 ml Möhrensaft
1 Möhre geraspelt
2 EL Haferflocken
2 Eier
Salz und Pfeffer
Currypulver gelb
Garam Masala

Zubereitung

Das Toastbrot mit dem Möhrensaft in eine Schüssel geben. Die restlichen Zutaten hinzufügen und verkneten. Für **15 Minuten** durchziehen lassen und mit leicht feuchten Händen zu Burgern formen. Auf dem Grill bei **180° Celsius** für **5 Minuten** pro Seite grillen.

Gefüllte Kartoffel

Zutaten für zwei Personen

4 große gekochte Kartoffeln
2 EL Frischkäse
2 EL Käse geraspelt
Salz und Pfeffer
Oregano getrocknet
1 Prise Muskat
1 Ei
1 TL Stärke in etwas Wasser verrührt

Zubereitung

Die gekochten Kartoffeln vorsichtig aushöhlen. Den Frischkäse mit dem Käse verrühren und mit Salz, Pfeffer, Oregano und Muskat würzen. Das Ei verquirlen und untermischen. Das Innere der Kartoffeln mit der Gabel zerdrücken und ebenfalls zum Käse mischen. Die Kartoffeln mit dieser Masse füllen. Die Ränder mit der Stärkemischung bestreichen und die Hälften wieder zusammenfügen. Mit einem Zahnstocher leicht fixieren. Auf dem Grill für **4 Minuten** je Seite bei **200° Celsius** grillen. Beim Wenden aufpassen, dass die Kartoffeln nicht auseinander fallen.

Gegrillter Chili-Tofu

Zutaten für zwei Personen

2 Stück Chili-Tofu à 120 Gramm
2 EL Sambal Oelek
Meersalz

Zubereitung

In den Tofu mittig eine Tasche schneiden und die Sambal Oelek Paste darin verteilen. Beidseitig mit Meersalz bestreichen. Auf dem Grill bei **200° Celsius** für **5 Minuten** pro Seite grillen. Falls kein Chili-Tofu erhältlich ist, klappt es auch mit regulärem, schnittfestem Tofu.

Tortilla mit Käse

Zutaten für zwei Personen

4 Tortilla Maisfladen
1/2 Dose Bohnen in Tomatensauce
100 Gramm Käse geraspelt
4 EL Chinakohl gehackt
1 Bund Koriander
Salz und Pfeffer

Zubereitung

Die Maisfladen auf der linken Seite bis zur Mitte einschneiden. Auf das obere Viertel die Bohnen verteilen. Auf das obere rechte Viertel den Käse geben. Den Chinakohl auf die rechte untere Seite und den gehackten Koriander auf die linke untere Seite geben. Die Fladen nun vorsichtig zu einem Viertel einklappen und alles übereinander stapeln. Diese Päckchen auf dem Grill bei **180° Celsius** für **4 Minuten** pro Seite grillen.

Quesadillas

Zutaten für zwei Personen

4 Tortilladfladen
4 EL Frischkäse
100 Gramm Käse gerieben
1 Tomate gewürfelt
1/2 Salatgurke gewürfelt
1 eingelegte Pfefferoni gewürfelt
2 Gewürzgurken gewürfelt
1 Avocado in Scheiben geschnitten
Meersalz
Tabasco

Zubereitung

Die Tortillafladen mit dem Frischkäse bestreichen und mit dem Gemüse belegen. Mit dem Käse bestreuen und alles mit Meersalz und Tabasco würzen. Die Fladen einklappen und auf dem Gasgrill bei **180° Celsius** für **5 Minuten** pro Seite grillen.

Halloumi Spieße

Zutaten für zwei Personen

2 Scheiben Halloumi à 150 Gramm
4 Oliven mit Mandel gefüllt
1 Gewürzgurke
1 Pfefferoni
2 Cherrytomaten
1 Feige
Ahornsirup
Cayennepfeffer

Zubereitung

Den Grillkäse würfeln, die Gewürzgurke und die Pfefferoni vierteln, die Cherrytomate und die Feige halbieren. Abwechselnd auf Spieße fädeln und mit Ahornsirup bestreichen. Mit Cayennepfeffer bestreuen und am Gasgrill für **5 Minuten** pro Seite bei **180° Celsius** grillen.

Schafskäse im Zucchinimantel

Zutaten für zwei Personen

2 Scheiben Schafskäse à 120 Gramm
1 Zucchini
Sojasauce

Zubereitung

Den Schafskäse in 2 cm dicke Streifen schneiden. Die Zucchini der Länge nach in 2 mm dicke Scheiben schneiden, das klappt am besten mit der Aufschnitt-Maschine. Die Zucchini rund um den Schafskäse wickeln, ordentlich fest drücken und mit Sojasauce marinieren. Am Grill bei **180° Celsius** auf allen vier Seiten für je **3 Minuten** grillen.

Auberginensteak mit Parmesan

Zutaten für zwei Personen

1 große Aubergine
100 Gramm Parmesan gerieben
1 Tomate
1 kleine Zucchini
italienische Kräuter
etwas Tomatensaft

Zubereitung

Die Aubergine in 2 cm dicke Scheiben schneiden und diese auf einer Alu-Grilltasse verteilen. Die Tomate und die Zucchini ebenfalls in Scheiben schneiden und darauf verteilen. Mit dem Parmesan und den Kräutern bestreuen und mit dem Tomatensaft vorsichtig übergießen. Am Gasgrill bei geschlossenem Deckel und bei **200° Celsius** für **20 Minuten** grillen.

Gemüse-Calzone

Zutaten für zwei Personen

2 Pizzateig frisch oder TK
4 EL Pizzasauce
Oregano
4 EL Käse gerieben
1/2 Zucchini in Scheiben
1 Tomate in Scheiben
etwas Mais aus der Dose
1/2 Bund Basilikum gezupft
Olivenöl

Zubereitung

Den rohen Pizzateig mit der Sauce bestreichen und mit Oregano bestreuen. Mit dem Gemüse belegen und mit dem gezupften Basilikum verfeinern. Die Pizza zusammenklappen und die Ränder gut verschließen. Am besten mit einer Gabel ein Muster machen. Leicht mit Olivenöl einpinseln und auf den auf **250° Celsius** vorgeheizten Grill legen. Für je **5 Minuten** pro Seite grillen. Die Pizza kann natürlich immer wieder anders und individuell belegt werden.

Kartoffel-Burger

Zutaten für zwei Personen

4 Kartoffeln gekocht
2 Kartoffeln roh
2 EL Maisstärke
1 Zwiebel gehackt
4 Zehen Knoblauch gepresst
1 cm Ingwer gerieben
1 gute Prise Muskat gemahlen
Salz und Pfeffer
getrocknete Kräuter nach Wahl

Zubereitung

Die gekochten Kartoffeln durch eine Kartoffelpresse jagen und die rohen Kartoffeln schälen und raspeln. Alles zusammen in einer Schüssel mit Maisstärke, Zwiebel, Knoblauch und Ingwer vermengen und mit Muskat, Salz, Pfeffer und Kräutern abschmecken. Mit feuchten Händen zu Burgern formen und diese am Grill bei **200° Celsius** für **5 Minuten** pro Seite grillen.

Süßes vom Gasgrill

Auch Naschkatzen und Schleckermäuler kommen beim Grillabend nicht zu kurz. Diese Desserts sind sehr einfach und schnell zu machen und zudem sehr leicht. So ist immer noch Platz für eine Nachspeise.

Gegrillte Banane mit Schokoriegel

Zutaten für zwei Personen

2 Bananen mit Schale
2 Schokoriegel nach Wahl
(Kinderriegel, Snickers, Bounty
oder Twixx)
Kokosraspeln zum Bestreuen

Zubereitung

Die Banane mit der Schale an einer Seite tief einschneiden, so dass der Riegel bequem hineingelegt werden kann. Auf den Grill legen und bei **200° Celsius** für **8 Minuten** grillen. Vom Grill nehmen, auspacken und mit den Kokosraspeln bestreuen.

Duo von Mango und Ananas

Zutaten für zwei Personen

1 Mango
1/2 Ananas
Honig
1 Prise Cayennepfeffer

Zubereitung

Die Mango und die Ananas schälen und in gleich dicke Scheiben schneiden. Mit dem Honig bestreichen und mit etwas Cayennepfeffer betreuen. Auf den Grill legen und für **4 Minuten** pro Seite bei **180° Celsius** grillen.

Vanille Soufflee

Zutaten für zwei Personen

30 Gramm Butter
1 EL Mehl
150 ml Milch
Mark einer Vanilleschote
2 Eier
1 Prise Salz
2 EL Zucker
Butter zum Einfetten der Formen

Zubereitung

Die Butter schmelzen lassen und mit dem Mehl verrühren. Die Milch mit der Vanilleschote aufkochen lassen, abkühlen und zur Butter rühren. Die Eier trennen und die Dotter zur Buttermasse geben. Das Eiweiß mit der Prise Salz steif schlagen. Den Zucker ebenfalls zur Masse geben, gut durchrühren und zuletzt den Eischnee unterheben. Vier kleine Förmchen einbuttern und die Masse aufteilen. Den Gasgrill auf **200° Celsius** aufheizen und die Soufflees bei geschlossenem Deckel für **15 Minuten** backen.

Schokoladepalatschinken

Zutaten für zwei Personen

100 Gramm Mehl
1 Ei
200 ml Milch
1 Schuss Sodawasser
1 Prise Salz
1 Prise Backpulver
50 Gramm Schokolade gerieben
Öl für die Pfanne

Zubereitung

Alle Zutaten außer der Schokolade zu einem glatten Teig verrühren. Eine Pfanne auf den **200° Celsius** heißen Grill stellen und das Öl erhitzen. Den Teig zu zwei Palatschinken verbacken. Jede Palatschinke sollte für **3 Minuten** pro Seite gebacken werden. Aus der Pfanne nehmen, mit Schokolade bestreuen, einrollen und auf dem Grill für weitere **2 Minuten** pro Seite grillen.

Apfelröllchen mit Strudelteig

Zutaten für zwei Personen

2 Strudelblätter à 50 Gramm
1 Apfel
2 EL Apfelmus
Zimt
Nelkenpulver
2 EL Rosinen

Zubereitung

Die Strudelblätter ausrollen und mit Apfelmus bestreichen. Den Apfel schälen, entkernen und dünnblättrig schneiden. Auf dem Apfelmus verteilen und mit Zimt, Nelkenpulver und Rosinen bestreuen. Den Teig einrollen und auf den Grill legen. Bei **200° Celsius** für **8 Minuten** pro Seite, indirekter Hitze und geschlossenem Deckel backen.

Melone mit Minze

Zutaten für zwei Personen

2 Scheiben Honigmelone
Ahornsirup
Zitronensaft
1/2 Bund Minze

Zubereitung

Die Melone mit Ahornsirup und Zitronensaft bestreichen und auf dem Grill bei **200° Celsius** für **4 Minuten** pro Seite grillen. Vor dem Anrichten mit der gehackten Minze bestreuen.

Bratbirne mit Beeren

Zutaten für zwei Personen

2 große Birnen
2 EL Beerenmischung frisch oder TK
1 EL gehackte Walnüsse
1 EL gehackte Rosinen
1 Schuss Rum
etwas Vanille-Aroma
2 TL brauner Zucker

Zubereitung

Die Birnen mit einem Ausstecher großzügig vom Kerngehäuse befreien und aushöhlen. Die restlichen Zutaten vermengen und die Birnen damit befüllen. Auf eine Alu-Grilltasse geben und auf den **200° Celsius** heißen Grill stellen. Bei geschlossenem Deckel für **25 Minuten** backen lassen. Das Rezept funktioniert natürlich auch mit Äpfeln.

Zwetschken Crumble

Zutaten für zwei Personen

8 Zwetschken
100 Gramm Butterkekse
4 EL Butter
2 EL Mehl
1 EL Semmelbrösel
2 EL brauner Zucker
Zimt
Nelkenpulver
Kardamom gemahlen

Zubereitung

Die Butterkekse leicht zerkrümeln und in eine Alu-Grilltasse geben. Die Zwetschken entkernen und vierteln, auf den Keksen verteilen. Die restlichen Zutaten zu einem Teig verkneten und über die Zwetschken zerbröseln. Auf den **200° Celsius** heißen Grill stellen und für **20 Minuten** bei geschlossenem Deckel und indirekter Hitze backen. Der Crumble kann mit sämtlichen Früchten zubereitet werden.

Beeren Gratin

Zutaten für zwei Personen

300 Gramm Beerenmischung frisch oder TK
2 TL brauner Zucker
2 TL Rum
etwas Zitronensaft
2 Eiweiß
1 Prise Salz
1 EL Kristallzucker

Zubereitung

Die Beeren auf einer Alu-Grilltasse verteilen, mit braunem Zucker bestreuen und mit Rum und Zitronensaft aromatisieren. Eiweiß mit Salz und Kristallzucker zu einem steifen Schnee schlagen und auf den Beeren verteilen. Bei **200° Celsius** und geschlossenem Deckel für **15 Minuten** gratinieren lassen.

Schokoladen Kirsch Dessert

Zutaten für zwei Personen

300 Gramm Kirschen
40 ml Kirschwasser
50 Gramm Schokolade geraspelt
100 Gramm Spekulatius
Sahne zum Garnieren und Schokostreusel

Zubereitung

Den Spekulatius zerbröseln und in eine Alu-Grilltasse geben. Die Kirschen entsteinen, halbieren und auf den Keksen verteilen. Die Schokolade darüber geben und alles mit dem Kirschwasser übergießen. Auf den Grill geben und bei **200° Celsius** und geschlossenem Deckel für **20 Minuten** grillen. Herausnehmen und mit geschlagener Sahne und Schokostreusel garnieren.

Schlusswort

Wir bedanken uns herzlich, dass wir dich bei deinen Experimenten am Gasgrill begleiten dürfen und hoffen, dass wir mit unseren Rezepten für viele schöne Stunden und tolle Grillabende gesorgt haben. Wir wünschen auch weiterhin viel Spaß und gutes Gelingen am Grill.

Impressum

ONLINEWORLDOFBOOKS.EU
Buch-, Kunst- & Musikalienverlag

D. Daraban, A-7210 Mattersburg
1. Auflage 2021
Taschenbuch KDN-ISBN: 9798743189601

Risiko-Hinweis und Haftung
Empfehlungen, Charts und Tabellen halten wir für verlässlich, jedoch können wir keine Garantie für Richtigkeit und Aktualität übernehmen. Die Inhalte in diesem Werk sind nach bestem Gewissen verfasst, wir halten unsere Quellen für verlässlich, aber auch hier können wir keine Garantie auf Richtigkeit und Aktualität geben. Die Informationen geben lediglich einen Einblick in die Meinung der Verfasser.

Haftungsausschluss
Die Inhalte wurden mit größtmöglicher Sorgfalt erstellt. Der Autor übernimmt jedoch keine Gewähr für die Richtigkeit und Vollständigkeit der hier be ndlichen Informationen sowie bereitgestellten Inhalte.

Urheber- und Kennzeichenrecht
Bei den Inhalten, die erstellt wurden, werden die Urheberrechte Dritter beachtet. Insbesondere werden Inhalte und Rechte Dritter als solche gekennzeichnet.

Sollte der Nutzer trotzdem auf eine Urheberrechtsverletzung aufmerksam werden, bitten wir um einen entsprechenden Hinweis. Bei Bekanntwerden von Rechtsverletzungen werden wir derartige Inhalte gerne und umgehend entfernen.

Etwaige Bilder und Grafiken
Privatarchiv, Pixabay.com, Shutterstock, Iconfinder, Elements Envato

Buchgestaltung
www.kvfinndesign.com

Printed in Poland
by Amazon Fulfillment
Poland Sp. z o.o., Wrocław

84909637R00096